AF275121

COLEX

GRACIAS POR CONFIAR EN COLEX

Disfrute gratuitamente **DURANTE UN AÑO** de los eBook, audiolibros y Colex Copilot de las obras de Editorial Colex*

ACTIVA TU CÓDIGO PARA ACCEDER A LOS SERVICIOS

1. Accede a **www.colex.es**.
2. Inicia sesión o regístrate como usuario.
3. Dirígete al menú de usuario y haz clic en **«Mis códigos»**.
4. Introduce el siguiente código **(RASCA PARA VER EL CÓDIGO)**:

♦ Una vez se valide el código, aparecerá una ventana de confirmación y su eBook / audiolibro / Colex copilot estarán activos **durante 1 año desde su activación** en la pestaña «Mis libros» en el menú de usuario.

* Los audiolibros están disponibles en las ediciones más recientes de nuestras obras. Se excluyen expresamente las colecciones «Códigos comentados», «Biblioteca digital» y los productos de www.vademecumlegal. es. Colex Copilot únicamente está disponible en las ediciones más recientes de las colecciones «Paso a paso» y «Vademecum».

**No se admitirá la devolución si el código promocional
ha sido manipulado y/o utilizado.**

¡Gracias por confiar en nosotros!

La obra que acaba de adquirir incluye de forma gratuita la versión electrónica.

Acceda a nuestra página web para aprovechar todas las funcionalidades de las que dispone en nuestro lector.

FUNCIONALIDADES EBOOK

Acceso desde cualquier dispositivo con conexión a internet

Idéntica visualización a la edición de papel

Navegación intuitiva

Tamaño del texto adaptable

Síguenos en:

NUEVA FUNCIONALIDAD CON INTELIGENCIA ARTIFICIAL EN LOS LIBROS DE COLEX

| Una cortesía de Iberley.es |

En Colex damos un paso más en innovación jurídica. Desde ahora, las guías «Paso a paso» y los «Vademecum» incorporan una nueva funcionalidad basada en **inteligencia artificial**, gracias a la tecnología de **Iberley IA**.

El lector podrá interactuar directamente con el contenido del libro de forma inmediata, útil y centrada exclusivamente en su materia.

☑ ¿Qué puede hacer el usuario en el libro?

- Realizar preguntas sobre el contenido del libro.
- Solicitar explicaciones de artículos, conceptos o normativa.
- Utilizar un ChatBot inteligente, contextualizado y acoplado al contenido legal del libro.
- Resolver dudas puntuales mientras se estudia o trabaja con la obra.

☒ ¿Qué no puede hacer esta versión del ChatBot?

- ✗ No permite generar escritos jurídicos.
- ✗ No analiza ni responde documentos externos.
- ✗ No responde a consultas de otras materias distintas a la del libro.

Esta herramienta está pensada para enriquecer la experiencia de lectura y consulta del libro. Su uso es exclusivo sobre su contenido.

¿QUIERES IR MÁS ALLÁ? DESCUBRE IBERLEY IA

Si necesitas una **solución avanzada de inteligencia legal**, con cobertura total de materias y documentos, entra en **www.iberley.es** y accede a todas las funcionalidades profesionales:

CUADRO SIMBÓLICO DE FUNCIONALIDADES		
Funcionalidad	**En los libros Colex**	**En Iberley.es**
Preguntar sobre el contenido del libro	✓	✓
Solicitar explicaciones jurídicas	✓	✓
ChatBot integrado al contenido del libro	✓	✓
Consultas sobre otras materias	✗	✓
Análisis de documentos externos	✗	✓
Generación de escritos jurídicos	✗	✓
Traducción jurídica	✗	✓
Informes y resúmenes legales automáticos	✗	✓
Contratos, guías prácticas y emails para clientes	✗	✓
Estrategias judiciales y jurisprudencia instantánea	✗	✓

SUPUESTOS PRÁCTICOS

LA FISCALIDAD EN IRPF DE LOS PLANES DE PENSIONES

Análisis de la tributación en IRPF de los planes
de pensiones a través de casos prácticos

SUPUESTOS PRÁCTICOS

LA FISCALIDAD EN IRPF DE LOS PLANES DE PENSIONES

Análisis de la tributación en IRPF de los planes de pensiones a través de casos prácticos

EDICIÓN 2026

Obra realizada por el Departamento de Documentación de Iberley

COLEX 2026

© Editorial Colex, S.L.
Calle Costa Rica, número 5, 3.º B (local comercial)
A Coruña, C.P. 15004
info@colex.es
www.colex.es

I.S.B.N.: 979-13-7011-647-7
Depósito legal: C 279-2026

SUMARIO

INTRODUCCIÓN A LA FISCALIDAD DE LOS PLANES DE PENSIONES EN EL IRPF

Régimen jurídico y funcionamiento básico de los planes de pensiones

Los planes de pensiones son productos financieros de inversión y ahorro a largo plazo, de constitución voluntaria, cuyo objetivo es generar prestaciones privadas (rentas o capitales) en caso de jubilación, supervivencia, viudedad, orfandad, invalidez o dependencia. No sustituyen a las pensiones públicas de la Seguridad Social, sino que actúan como instrumento complementario.

Se instrumentan necesariamente a través de un fondo de pensiones, patrimonio creado en exclusiva para el cumplimiento del plan, integrado por las aportaciones de promotores y partícipes y por los rendimientos de las inversiones. Con cargo a estos recursos se atienden las prestaciones a los beneficiarios cuando se produce la contingencia cubierta.

En la vida del plan pueden distinguirse tres fases:

- Aportación al plan.
- Inversión de los recursos del fondo para obtener rendimientos.
- Cobro de prestaciones por el beneficiario cuando se produce la contingencia.

La regulación fundamental de este tipo de productos se recoge en el Real Decreto Legislativo 1/2002, de 29 de noviembre, por el que se aprueba el texto refundido de la Ley de Regulación de los Planes y Fondos de Pensiones (en adelante, LPFP) y en el Real Decreto 304/2004, de 20 de febrero, por el que se aprueba el Reglamento de planes y fondos de pensiones (RPFP).

‖ Sujetos intervinientes

En todo plan de pensiones intervienen tres figuras:

- **Promotor**: quien insta la creación del plan o participa en su desenvolvimiento (empresa para sus trabajadores, asociación, sindicato, entidad, etc.).
- **Partícipes**: personas físicas en cuyo interés se crea el plan, hagan o no aportaciones. Junto con el promotor, intervienen en la constitución del plan.
- **Beneficiarios**: personas físicas con derecho a percibir las prestaciones, hayan sido o no partícipes.

Los planes deben respetar los principios de no discriminación, capitalización, irrevocabilidad de las aportaciones del promotor, atribución de derechos a los partícipes e integración obligatoria de las contribuciones en un fondo de pensiones.

‖ Tipos de planes de pensiones

En virtud de los sujetos que lo constituyan, existen tres clases de planes:

- **Planes del sistema de empleo**: el promotor es una entidad, corporación, sociedad o empresa, y los partícipes son sus empleados. En cooperativas y sociedades laborales se puede extender la condición de partícipes a los socios trabajadores y de trabajo. Es posible la promoción conjunta por varias empresas.
- **Planes del sistema asociado**: promovidos por asociaciones o sindicatos, cuyos partícipes son sus asociados, miembros o afiliados.
- **Planes del sistema individual**: promovidos por una o varias entidades financieras, pudiendo ser partícipe cualquier persona física.

En los planes de empleo pueden existir **subplanes** con distintas modalidades de aportaciones y prestaciones, integrando a los trabajadores según lo previsto en acuerdos colectivos o en las especificaciones del plan. Cuando un convenio o acuerdo colectivo establezca la incorporación directa de los trabajadores, estos se entenderán adheridos salvo manifestación expresa en contrario en el plazo previsto.

Por otra parte, en función de las obligaciones asumidas, se distingue entre:

- **Planes de prestación definida**: se define la cuantía de la prestación a percibir.
- **Planes de aportación definida**: se define la cuantía de la contribución/aportación.

- **Planes mixtos**: combinan la definición de prestaciones y de aportaciones.

Los sistemas de empleo y asociados pueden adoptar cualquiera de estas modalidades; los planes del sistema individual solo pueden ser de aportación definida.

Aportaciones a planes de pensiones y sus límites

|| Quién puede aportar y límites internos del sistema

De acuerdo con el artículo 5 del Reglamento de planes y fondos de pensiones, solo pueden realizar aportaciones:

- Los **partícipes**, cualquiera que sea el sistema (empleo, asociado o individual).

- El **promotor de un plan del sistema de empleo**, a favor de sus empleados partícipes. La titularidad de la aportación imputada corresponde al partícipe.

Las aportaciones se realizan en los términos previstos en las especificaciones del plan y con los límites legales. El texto refundido de la Ley de regulación de los planes y fondos de pensiones (LPFP) fija un **límite máximo anual conjunto** de aportaciones y contribuciones empresariales a planes de pensiones de 1.500 euros, que puede incrementarse en determinados supuestos (por ejemplo, contribuciones empresariales o aportaciones ligadas a actividades de trabajadores autónomos) en hasta 8.500 o 4.250 euros anuales, aplicándose el límite por cada partícipe integrado en la unidad familiar.

Excepcionalmente, la empresa promotora puede realizar aportaciones adicionales a un plan de empleo para garantizar las prestaciones o derechos de partícipes en planes de prestación definida para jubilación cuando exista déficit.

> **A TENER EN CUENTA**. Existe un régimen especial de planes de pensiones a favor de personas con discapacidad física o sensorial igual o superior al 65 %, psíquica igual o superior al 33 %, o con incapacitación judicial (actualmente, personas con discapacidad con medidas de apoyo). Estos planes están sujetos a reglas específicas en el RPFP.

Se admiten también incrementos patrimoniales a título gratuito (donaciones, herencias) a favor del plan o del fondo, siempre que se imputen financieramente entre los partícipes y estos tributen conforme a la normativa aplicable.

‖ Contingencias cubiertas por el plan

La producción de una contingencia es el presupuesto del derecho a la prestación:

| a) Jubilación

Se entiende producida cuando el partícipe accede efectivamente a la jubilación en el régimen correspondiente de la Seguridad Social (edad ordinaria, anticipada o posterior). Cuando no sea posible el acceso, la contingencia se entiende producida al cumplir 65 años, si el partícipe ha cesado en la actividad laboral o profesional y no cotiza para jubilación en ningún régimen.

El plan puede prever que se anticipe el cobro de la prestación de jubilación desde los 60 años, siempre que el partícipe haya cesado en toda actividad determinante de alta y no cumpla aún los requisitos de jubilación en la Seguridad Social. Asimismo, puede contemplarse el pago anticipado cuando el partícipe extinga su relación laboral y pase a situación legal de desempleo en determinados supuestos (muerte, jubilación o incapacidad del empresario, despido colectivo, despido por causas objetivas, concurso de acreedores).

> **A TENER EN CUENTA**. El Real Decreto 1086/2024, de 22 de octubre, suprimió la posibilidad de que las especificaciones de los planes previesen el pago de prestaciones con motivo del acceso a la jubilación parcial. No obstante, su disposición adicional única prevé un plazo de adaptación de seis meses para incluir en la documentación legal el supuesto de cobro de derechos consolidados por jubilación parcial y permitir que los partícipes puedan solicitar dicho cobro.

| b) Incapacidad

Conforme al régimen de Seguridad Social, dan derecho a la prestación del plan las situaciones de:

- **Incapacidad total y permanente** para la profesión habitual.
- **Incapacidad absoluta y permanente** para todo trabajo.
- **Gran incapacidad**.

> **A TENER EN CUENTA**. La Ley 2/2025, de 29 de abril, sustituye la expresión «gran invalidez» por «gran incapacidad» en la normativa laboral y de Seguridad Social, y sustituye «invalidez no contributiva» por «incapacidad no contributiva», con efectos desde el 1 de mayo de 2025.

| c) Muerte

La contingencia que determine la satisfacción de las prestaciones también puede ser la **muerte del partícipe o beneficiario**, que puede generar derecho a prestaciones de viudedad, orfandad o a favor de otros herederos o personas designadas.

d) Dependencia

La **dependencia severa o gran dependencia** del partícipe, regulada en la Ley de promoción de la autonomía personal y atención a las personas en situación de dependencia, también puede dar lugar al cobro de prestaciones.

> **A TENER EN CUENTA.** Los compromisos por pensiones asumidos por las empresas (vinculados a jubilación, incapacidad, muerte o dependencia) deben instrumentarse mediante contratos de seguro, planes de previsión social empresarial, seguros colectivos de dependencia o planes de pensiones.

Derechos consolidados y supuestos excepcionales de liquidez

Los **derechos consolidados** del partícipe se integran:

- En los planes de aportación definida, por la cuota que le corresponde según aportaciones, rendimientos y gastos.
- En los planes de prestación definida, por la reserva que le corresponda conforme al sistema actuarial aplicado.

Con carácter general, solo son exigibles al producirse una contingencia cubierta. No obstante, pueden hacerse efectivos, total o parcialmente, en supuestos de **enfermedad grave** y **desempleo de larga duración**, si las especificaciones del plan lo contemplan, en los términos y con los requisitos previstos reglamentariamente.

Además, el apartado 4, del artículo 9 del RPFP, señala que los partícipes de los planes de pensiones del sistema individual y asociado podrán disponer anticipadamente del importe, total o parcial, de sus derechos consolidados correspondiente a aportaciones realizadas con al menos diez años de antigüedad. Por su parte, los partícipes de los planes de pensiones del sistema de empleo podrán disponer de los derechos consolidados correspondientes a las aportaciones y contribuciones empresariales realizadas con al menos diez años de antigüedad, si así lo permite el compromiso y lo prevén las especificaciones del plan y con las condiciones o limitaciones que éstas establezcan en su caso.

Compatibilidad de aportaciones y cobro de prestaciones

En general no es posible simultanear la condición de partícipe y beneficiario por una misma contingencia, siendo incompatible realizar aportaciones y cobrar prestaciones por esa misma contingencia al mismo tiempo. Sin embargo:

- Tras el acceso a la jubilación, el partícipe puede seguir realizando aportaciones al plan.

- Una vez iniciado el cobro de la prestación de jubilación, las aportaciones posteriores solo podrán destinarse a fallecimiento y dependencia.
- En supuestos en que no sea posible el acceso a la jubilación [como los previstos en el artículo 7.a).2.º y artículo 8.1 del RPFP], el partícipe con al menos 65 o 60 años puede seguir aportando, pero si inicia el cobro o anticipo de la prestación correspondiente a jubilación, las aportaciones posteriores solo podrán destinarse a fallecimiento y dependencia.
- En jubilación flexible, activa o parcial, el partícipe puede seguir realizando aportaciones para la contingencia de jubilación y simultanearlas con el cobro de prestaciones.

CUESTIÓN

¿Qué ocurre si, tras comenzar a cobrar la prestación de jubilación, el partícipe reanuda la actividad y se da de alta en la Seguridad Social?

Podrá reiniciar sus aportaciones para la contingencia de jubilación cuando haya percibido íntegramente la prestación o suspenda su cobro, asignando expresamente los derechos económicos restantes a la posterior jubilación.

Fiscalidad de las aportaciones en el IRPF

La fiscalidad de los planes de pensiones debe analizarse en dos vertientes:

- **La fiscalidad de las aportaciones a los planes de pensiones.** Dentro de este apartado corresponde analizar las implicaciones fiscales de las aportaciones realizadas por el propio partícipe del plan, así como de aquellas aportaciones realizadas por el empleador que sea promotor de un plan del sistema de empleo en favor de sus empleados partícipes.
- **La percepción de prestaciones derivadas de los planes de pensiones.**

‖ Aportaciones realizadas por el propio contribuyente

Las aportaciones del partícipe a planes de pensiones tienen la consideración de **aportaciones a sistemas de previsión social** y pueden reducir la **base imponible general** en los términos del artículo 51 de la LIRPF. Se incluyen aquí:

- Las aportaciones directas del contribuyente a su plan de pensiones.
- Las contribuciones del promotor que se le imputen como rendimiento del trabajo.

- Las aportaciones a determinados planes de pensiones de empleo regulados en normativa europea, siempre que se imputen al partícipe, se le transmita irrevocablemente el derecho a la prestación futura y la titularidad de los recursos, y se cubran las contingencias previstas en la LPFP.

El **límite máximo conjunto anual** de reducción por aportaciones y contribuciones a planes de pensiones, mutualidades de previsión social, planes de previsión asegurados, planes de previsión social empresarial y seguros privados de dependencia severa o gran dependencia, viene determinado por el artículo 52.1 de la LIRPF y es la menor de las siguientes cuantías:

- El **30 %** de la suma de los rendimientos netos del trabajo y de actividades económicas percibidos individualmente en el ejercicio.

- **1.500 euros anuales**, con posibilidad de incrementos en determinados casos.

El límite de 1.500 euros puede incrementarse:

- **Hasta 8.500 euros** adicionales cuando el incremento provenga de contribuciones empresariales o de aportaciones del trabajador al mismo instrumento de previsión social, con límites específicos en función del importe anual de la contribución empresarial.

- **Hasta 4.250 euros** adicionales cuando el incremento proceda de aportaciones ligadas a planes de empleo sectoriales para autónomos, planes de empleo simplificados de autónomos, o aportaciones propias del empresario individual o profesional a planes de empleo o instrumentos equivalentes de los que sea promotor y partícipe o tomador y asegurado.

- Adicionalmente, hasta **5.000 euros anuales** en concepto de primas a seguros colectivos de dependencia satisfechas por la empresa.

En todo caso, la cuantía máxima de reducción por los dos incrementos vinculados a empleo y autónomos es de **8.500 euros anuales**, por lo que el límite conjunto de reducción por sistemas de previsión social puede alcanzar 10.000 euros (1.500 + 8.500), sin perjuicio del límite separado para seguros colectivos de dependencia.

A TENER EN CUENTA. La Ley 12/2022, de 30 de junio, y la Ley 31/2022, de 23 de diciembre, han ajustado estos límites para impulsar los planes de pensiones de empleo y clarificar el cálculo del incremento máximo deducible por las aportaciones del trabajador cuando existan contribuciones empresariales, así como para perfeccionar la referencia normativa relativa a planes de empleo simplificados de autónomos.

Las cantidades que excedan de los límites de reducción o que no puedan reducirse por insuficiencia de base imponible pueden trasladarse a los **cinco ejercicios siguientes**. En la declaración del IRPF del ejercicio en que se realizan las aportaciones debe consignarse la totalidad de las mismas, aun cuando no se puedan reducir íntegramente, y solicitar su aplicación en ejercicios futuros, respetando siempre el límite conjunto de cada ejercicio. Cuando concurran aportaciones de ejercicios anteriores pendientes con aportaciones del ejercicio, se entienden reducidas en primer lugar las de años anteriores.

Adicionalmente, el contribuyente cuyo **cónyuge** no obtenga rendimientos netos del trabajo o actividades económicas, o los obtenga por debajo de 8.000 euros anuales, puede reducir en su base imponible las aportaciones realizadas a planes de pensiones de los que sea partícipe el cónyuge, con límite de **1.000 euros** anuales.

‖ Aportaciones a favor de personas con discapacidad

El artículo 53 de la LIRPF permite reducir la base imponible general por aportaciones y contribuciones a sistemas de previsión social constituidos a favor de personas con discapacidad:

- Con discapacidad física o sensorial en grado igual o superior al 65 %.
- Con discapacidad psíquica en grado igual o superior al 33 %.
- Con incapacidad declarada judicialmente (actualmente, personas con discapacidad con medidas de apoyo).

Se establecen los siguientes límites anuales:

- **10.000 euros** para las aportaciones realizadas por personas con parentesco o tutoría respecto del discapacitado (sin perjuicio de las aportaciones que puedan efectuar a sus propios planes de pensiones dentro de los límites generales).
- **24.250 euros** para las aportaciones realizadas por la propia persona con discapacidad a su plan.

El conjunto de reducciones practicadas por todas las personas que realicen aportaciones a favor de una misma persona con discapacidad, incluyendo las del propio partícipe, **no podrá exceder de 24.250 euros** anuales. A estos efectos, se reducen primero las aportaciones de la persona con discapacidad y, si no se alcanza dicho límite, pueden reducirse las aportaciones de los familiares proporcionalmente, sin superar en conjunto los 24.250 euros.

Las aportaciones que no puedan reducirse por insuficiencia de base imponible pueden trasladarse a los cinco ejercicios siguientes, salvo cuando se trate de aportaciones que excedan de los citados límites de 10.000 o 24.250 euros, en cuyo caso el exceso no es trasladable.

> **A TENER EN CUENTA.** La Ley 8/2021 ha reformado el régimen civil y procesal de apoyo a las personas con discapacidad, sustituyendo la incapacitación y la tutela de mayores por medidas de apoyo (guarda de hecho, curatela, defensor judicial). Ello incide en la terminología de la LIRPF relativa a personas con discapacidad que cuentan con medidas de apoyo.

Aportaciones realizadas por el empleador: imputación al partícipe

Las aportaciones del promotor de un plan de pensiones de empleo a favor de sus empleados partícipes tienen la consideración de **rendimientos del trabajo** para estos, conforme al artículo 17 de la LIRPF. En particular:

- Son rendimientos del trabajo las **contribuciones o aportaciones satisfechas por los promotores de planes de pensiones** regulados en la LPFP o por empresas promotoras de fondos de pensiones de empleo de acuerdo con la normativa europea.

- También lo son las contribuciones de los empresarios para hacer frente a los compromisos por pensiones, cuando se imputen fiscalmente a los trabajadores.

Estas aportaciones se califican como **retribuciones en especie**, pero sobre ellas **no procede practicar retención** cuando reducen la base imponible en los términos del artículo 51 de la LIRPF, según prevé el artículo 102 del RIRPF.

Aunque no se benefician de los porcentajes de reducción propios de determinados rendimientos del trabajo (artículo 18 de la LIRPF), sí permiten aplicar la reducción de base imponible general del artículo 51 de la LIRPF, computándose junto con las aportaciones del propio trabajador a efectos de los límites.

Fiscalidad del rescate de los planes de pensiones

Las prestaciones son dinerarias y pueden percibirse:

- En forma de **capital**: pago único, inmediato a la fecha de la contingencia o diferido a un momento posterior.

- En forma de **renta**: dos o más pagos sucesivos con periodicidad regular, al menos uno por año. Pueden ser actuariales o financieras, de cuantía constante o variable, temporales o vitalicias, e inmediatas o diferidas. Las especificaciones pueden prever la reversión de la renta a otros beneficiarios en caso de fallecimiento.

- En forma **mixta**: combinación de capital y rentas.

- En **otras modalidades**: pagos sin periodicidad regular.

Salvo previsión específica en el plan, las fechas y modalidades de cobro pueden ser elegidas libremente por el partícipe o beneficiario, dentro de las limitaciones establecidas. La forma de la prestación, sus reglas de cuantía y vencimientos se detallan en las especificaciones, y el beneficiario debe solicitar el cobro indicando la modalidad elegida y aportando la documentación acreditativa de la contingencia.

‖ Tratamiento como rendimientos del trabajo

Las prestaciones percibidas por los beneficiarios de los planes de pensiones, cualquiera que sea su forma de cobro (capital, renta, mixta u otras), tributan en el IRPF como **rendimientos del trabajo**. El artículo 17.2 de la LIRPF las incluye expresamente como rendimientos del trabajo, integrándose en la base imponible general junto con otras rentas del trabajo (por ejemplo, la pensión de jubilación).

La tributación se realiza aplicando la **escala progresiva** del impuesto (tramo estatal del artículo 63 de la LIRPF más tramo autonómico), de forma que un mayor importe de base liquidable lleva aparejado un tipo efectivo superior. Cuando el rescate se realiza en forma de capital en un solo ejercicio, puede provocar un salto de tramo y un fuerte incremento de la cuota, mientras que la percepción en forma de renta permite distribuir la carga fiscal en varios ejercicios. Para evitarlo, hasta el año 2007 existían determinados beneficios fiscales que disminuían esta tributación, que la Ley 35/2006, de 28 de noviembre, eliminó.

‖ Régimen transitorio para aportaciones anteriores a 1 de enero de 2007

La LIRPF eliminó la reducción del 40 % para las prestaciones en forma de capital, pero estableció un **régimen transitorio** en su disposición transitoria duodécima para las prestaciones derivadas de contingencias acaecidas a partir del 1 de enero de 2007 por la parte correspondiente a aportaciones realizadas hasta el 31 de diciembre de 2006.

En estos casos, los contribuyentes pueden aplicar la reducción del **40 %** prevista en el anterior artículo 17 del derogado texto refundido de la Ley del IRPF de 2004, siempre que:

- Se trate de prestaciones comprendidas en el artículo 16.2.a) del texto refundido de 2004 (planes de pensiones, entre otros).

- Se perciban **en forma de capital**.

- Hayan transcurrido más de **dos años** desde la primera aportación (no exigible en caso de prestaciones por invalidez).

La reducción se aplica solo a la parte de la prestación correspondiente a aportaciones anteriores a 1 de enero de 2007 y puede ejercitarse en el ejercicio en que se produce la contingencia o en los **dos ejercicios siguientes**. Es importante planificar el momento de rescate para no perder este beneficio transitorio.

Prestaciones a favor de personas con discapacidad: exención parcial

Las prestaciones obtenidas en forma de renta por personas con discapacidad, correspondientes a aportaciones a planes de pensiones constituidos a su favor con arreglo al artículo 53 de la LIRPF, disfrutan de una **exención parcial** en el IRPF. El artículo 7.w) de la LIRPF declara exentos:

- Los rendimientos del trabajo derivados de prestaciones en forma de renta percibidas por personas con discapacidad por aportaciones a planes de pensiones constituidos a su favor conforme al artículo 53 de la LIRPF, **hasta un importe máximo anual de tres veces el IPREM**.

- Con el mismo límite, los rendimientos del trabajo derivados de aportaciones a patrimonios protegidos de personas con discapacidad.

Las cantidades que excedan de dicho límite anual deben integrarse como rendimientos del trabajo en la declaración del beneficiario.

CASOS PRÁCTICOS

Caso práctico | IRPF y rescate del plan de pensiones con aportaciones no deducidas

PLANTEAMIENTO

«A» es partícipe de un plan de pensiones individual contratado con una entidad financiera. Durante los años 2008 a 2022 ha realizado aportaciones periódicas con cargo a su cuenta bancaria. En la mayoría de ejercicios ha reducido en su base imponible general del IRPF el importe máximo fiscalmente admisible, pero en los ejercicios 2010 y 2011, por error, no consignó en su declaración las aportaciones realizadas, pese a reunir todos los requisitos legales para haberlas reducido y no superarse en dichos ejercicios los límites cuantitativos de reducción.

En 2025, al cumplir la edad ordinaria de jubilación, «A» procede al rescate total del plan de pensiones en forma de capital, percibiendo 180.000 euros. De dicho importe, 25.000 euros se corresponden con las aportaciones efectuadas en los ejercicios 2010 y 2011 que no fueron objeto de reducción en la base imponible en su momento, habiendo tributado entonces las rentas con las que se financiaron dichas aportaciones como rendimientos del trabajo.

En la liquidación provisional del IRPF 2025, la Administración integra los 180.000 euros íntegramente como rendimientos del trabajo, rechazando la minoración de los 25.000 euros de aportaciones no reducidas en 2010 y 2011. ¿Cómo debe tributar, conforme al criterio jurisprudencial vigente, el rescate del plan de pensiones en relación con esas aportaciones no desgravadas? ¿Cabe minorar en la prestación rescatada las cantidades que pudieron reducirse en su día y no se redujeron?

RESPUESTA

Sí. A la luz de la jurisprudencia del Tribunal Supremo, cabe minorar de la prestación percibida en el rescate del plan de pensiones aquellas aportaciones del partícipe que, pudiendo haberse reducido en la base imponible en su momento, no se redujeron efectivamente y fueron objeto de tributación en ejercicios anteriores. En caso contrario, se produciría una doble imposición no querida por la Ley.

Las prestaciones derivadas del rescate de planes de pensiones tienen, con carácter general, la consideración de rendimientos del trabajo para sus beneficiarios, conforme al apartado 2.a). 3.ª del artículo 17 de la LIRPF, integrándose en la base imponible general del perceptor en el periodo impositivo en que se perciben.

No obstante, el problema específico planteado en este caso no se refiere a la calificación de la prestación –indiscutiblemente rendimiento del trabajo–, sino a la determinación de la cuantía que debe integrarse como tal rendimiento cuando parte de las aportaciones realizadas por el partícipe no fue objeto de reducción en su día, aun pudiendo serlo, y las rentas con las que se financiaron dichas aportaciones ya tributaron en el IRPF.

El apartado 6 del artículo 51 de la LIRPF establece que «(...) Las prestaciones percibidas tributarán en su integridad sin que en ningún caso puedan minorarse en las cuantías correspondientes a los excesos de las aportaciones y contribuciones». Este precepto impide exclusivamente la deducción, en el momento del cobro de la prestación, de los excesos de aportaciones que no pudieron reducirse por superar los límites legales, pero nada dice sobre el supuesto –como el del caso– en que el contribuyente, pese a poder hacerlo, no llegó a practicar la reducción en la base imponible en los ejercicios correspondientes.

Sobre esta cuestión se ha pronunciado el Tribunal Supremo en la **STS n.º 1457/2020, de 5 de noviembre, ECLI:ES:TS:2020:3741**, que resuelve un supuesto en el que el contribuyente pretendía minorar del importe rescatado del plan de pensiones las aportaciones realizadas en ejercicios anteriores que no habían sido objeto de reducción, pese a poder serlo. El Alto Tribunal fija la siguiente doctrina interpretativa sobre los arts. 17, apartados 1.e) y 2.a).3.ª, y 51 de la LIRPF:

- Es evidente que, de acuerdo con el artículo 17 de la LIRPF, la cantidad percibida en concepto de rescate de un plan de pensiones constituye rendimiento del trabajo gravado por el IRPF en el ejercicio de su obtención.

- El art. 51.6 de la LIRPF no impide que las aportaciones del partícipe no reducidas de la base imponible del IRPF en su día, cabiendo la reducción, puedan deducirse posteriormente en el momento de la obtención del rescate.

- Negar esa posibilidad conduciría a una doble imposición no querida por la Ley, al someter a gravamen dos veces la misma capacidad económica: primero cuando se obtienen las rentas que financian las aportaciones –que no se reducen– y, posteriormente, cuando se percibe la prestación sin descontar tales aportaciones.

El Tribunal Supremo destaca que el silencio del art. 51.6 de la LIRPF respecto a estas aportaciones no reducidas no puede interpretarse en perjuicio del contribuyente, dado que el precepto se refiere únicamente a los «excesos» de aportación sobre los límites máximos de reducción. Además, la propia Dirección General de Tributos había advertido el riesgo de doble imposición en supuestos similares, al analizar rescates de planes de pensiones con aportaciones que nunca gozaron de beneficio fiscal **[consulta (V1969-13), de 11 de junio de 2013]**.

Aplicando este criterio al caso planteado:

- Los 180.000 euros percibidos por Don A en 2025 constituyen, en principio, rendimientos del trabajo.

- De dicho importe, los 25.000 euros correspondientes a aportaciones de 2010 y 2011 que no se redujeron en su momento, pese a poder haberlo sido, no deben tributar de nuevo como renta del trabajo en 2025, ya que las rentas que originaron esas aportaciones tributaron íntegramente en los ejercicios 2010 y 2011.

- En consecuencia, la cuantía a integrar como rendimiento del trabajo en el IRPF 2025 será el resultado de minorar de los 180.000 euros los 25.000 euros de aportaciones no desgravadas, es decir, 155.000 euros, siempre que la Administración no aprecie, en ejercicio de su facultad de comprobación, que dichas aportaciones no cumplían efectivamente los requisitos legales para haber sido objeto de reducción en su día.

Caso práctico | IRPF y obligación de declarar con dos pensiones y plan de pensiones

PLANTEAMIENTO

Un contribuyente ha obtenido en 2025 los siguientes rendimientos del trabajo:

- Pensión de la Seguridad Social (INSS): 20.020,56 euros, con una retención de IRPF de 2.329,97 euros.
- Pensión de la Generalitat: 1.022,33 euros, con una retención de IRPF de 163,57 euros.
- Prestación de un plan de pensiones: 300,00 euros.

El contribuyente no obtiene ningún otro tipo de rentas (ni del trabajo distintas de las indicadas, ni de capital, ni actividades económicas, ni ganancias patrimoniales). ¿Tiene obligación de presentar la declaración del IRPF correspondiente al ejercicio 2025?

RESPUESTA

No, dado que no sobrepasa los límites fijados en el artículo 96 de la LIRPF para tener obligación de presentar la declaración de IRPF.

1. Cálculo de los rendimientos íntegros del trabajo obtenidos en 2025

- Pensión INSS: 20.020,56 euros.
- Pensión Generalitat: 1.022,33 euros.
- Prestación plan de pensiones: 300,00 euros.

Total rendimientos íntegros del trabajo:

20.020,56 + 1.022,33 + 300,00 = **21.342,89 euros**

2. Regla general de no obligación de declarar por rendimientos del trabajo

El art. 96.2.a) de la LIRPF, en su redacción vigente para 2025, establece que no estarán obligados a declarar los contribuyentes que obtengan exclusivamente rendimientos íntegros del trabajo, con el límite de **22.000 euros anuales**, cuando procedan de **un solo pagador**, o de varios siempre que se cumplan determinados requisitos.

Ahora bien, el propio art. 96.3 de la LIRPF fija límites inferiores cuando concurren varios pagadores y se superan determinadas cuantías:

- Para 2025, el límite se sitúa en **15.876 euros anuales** cuando exista más de un pagador y la suma de las cantidades percibidas del segundo y restantes pagadores exceda de **1.500 euros anuales**, salvo ciertos supuestos específicos (p.ej. determinadas prestaciones pasivas con tipo fijo de retención) que aquí no concurren.

3. Comprobación de la concurrencia de varios pagadores y del umbral de 1.500 euros

En el caso planteado existen **tres pagadores** de rendimientos del trabajo:

- INSS (primer pagador, por importe más elevado).
- Generalitat (segundo pagador).
- Entidad gestora del plan de pensiones (tercer pagador).

Se debe sumar lo percibido del segundo y restantes pagadores:

1.022,33 (Generalitat) + 300,00 (plan de pensiones) = **1.322,33 euros**

Dado que la suma de los importes percibidos del segundo y restantes pagadores (**1.322,33 euros**) es **inferior** a 1.500 euros, la situación, a efectos del art. 96, se asimila a la de un solo pagador, por lo que el límite relevante sería, en principio, el de **22.000 euros anuales**.

4. Conclusión

Desde la consideración como rendimientos del trabajo que tienen las prestaciones de los planes de pensiones, tal como se dispone en el artículo 17.2 de la LIRPF, cabe concluir que conforme al artículo 96 de la LIRPF no existirá obligación de presentar la declaración del IRPF, pues los rendimientos totales del trabajo no son superiores a 22.000 euros anuales y los percibidos del segundo y restantes pagadores por orden de cuantía no superan los 1.500 euros anuales. Por lo tanto, el contribuyente no tiene obligación de presentar la declaración del IRPF correspondiente al ejercicio 2025, salvo que desee hacerlo voluntariamente para solicitar una devolución o aplicar deducciones específicas.

Caso práctico | Tributación en IRPF 2025 de aportaciones a un plan de pensiones y cálculo de la cuota

PLANTEAMIENTO

Un contribuyente, vecino de Sevilla, de 56 años de edad, ha percibido en el ejercicio 2025 rendimientos del trabajo por importe de 21.000 euros, habiendo soportado cotizaciones a la Seguridad Social por 1.000 euros.

La empresa en la que trabaja, como promotora de un plan de pensiones del sistema de empleo, ha realizado aportaciones a dicho plan, a su favor como partícipe, por importe de 2.500 euros, imputadas fiscalmente como rendimiento del trabajo. Además, el propio contribuyente ha realizado aportaciones a ese mismo plan de pensiones por importe de 1.000 euros. No obtiene ningún otro tipo de rendimientos ni rentas.

¿Cuál será su tributación en IRPF?

RESPUESTA

Las aportaciones a los planes de pensiones realizadas por los partícipes, incluyendo las contribuciones del promotor que le hubiesen sido imputadas en concepto de rendimiento del trabajo, darán derecho a la reducción de la base imponible, de conformidad con lo dispuesto en el artículo 51 de la LIRPF. A dicha reducción le serán de aplicación los límites previstos en el apartado 1 del artículo 52 de la LIRPF.

1. Tratamiento de las aportaciones al plan de pensiones

Las contribuciones empresariales al plan de pensiones imputadas al trabajador tienen, en primer lugar, la consideración de **rendimientos íntegros del trabajo** (artículo 17.1 y 17.2.a) de la LIRPF). Posteriormente, tanto esas contribuciones imputadas como las aportaciones propias del partícipe pueden reducir la base imponible general como **aportaciones a sistemas de previsión social** (artículos 51.1.1.º y 52 de la LIRPF), con sujeción al límite financiero y al límite fiscal conjunto.

En 2025, de acuerdo con los arts. 51 y 52 de la LIRPF y con la D.A. 16.ª de la LIRPF (límite financiero), el conjunto de aportaciones a sistemas de previsión social del artículo 51.1, 2, 3, 4 y 5 de la LIRPF —incluidas las contribuciones empresariales imputadas— es reducible con el **límite general de 1.500 euros anuales**, que puede incrementarse, entre otros, cuando existan contribuciones empresariales a planes de pensiones de empleo o aportaciones del trabajador al mismo instrumento de previsión social en los términos establecidos en el artículo 52.1.b) de la LIRPF.

En el caso planteado, las aportaciones totales al plan de pensiones ascienden a 3.500 euros (2.500 euros de contribución empresarial imputada y 1.000 euros de aportación propia). Sin entrar a valorar, por no estar especificado en el supuesto, si concurren todas las condiciones para aplicar la totalidad de los incrementos de límite previstos en el artículo 52.1.b) de la LIRPF, se parte de que **la suma de 3.500 euros resulta fiscalmente reducible en 2025,** al no superarse, en este supuesto simplificado, los límites conjuntos aplicables.

2. Determinación del rendimiento neto del trabajo

- **Rendimientos íntegros del trabajo** (salario + contribución empresarial imputada):

  21.000 + 2.500 = **23.500 euros**.

- **Gastos deducibles del trabajo** (artículo 19.2 de la LIRPF):

  – Cotizaciones a la Seguridad Social (artículo 19.2.a): 1.000 euros.

  – Otros gastos deducibles (artículo 19.2.f de la LIRPF): 2.000 euros anuales.

  Rendimiento neto del trabajo:

  23.500 – 1.000 – 2.000 = **20.500 euros**.

Al superar el rendimiento neto del trabajo los límites cuantitativos del artículo 20 de la LIRPF (rendimientos netos del trabajo inferiores a 19.747,5 euros y demás requisitos), **no resulta aplicable la reducción por obtención de rendimientos del trabajo** prevista en dicho precepto.

3. Base imponible general y reducción por aportaciones al plan de pensiones

La renta del contribuyente procede exclusivamente de rendimientos del trabajo, que se integran en su totalidad en la **base imponible general** (artículos 45 y 46 de la LIRPF). Una vez deducidos los gastos del artículo 19.2 de la citada LIRPF, resulta:

- **Base imponible general previa**: 20.500 euros.

Conforme al artículo 51.1.1.º de la LIRPF, pueden reducir la base imponible general las aportaciones del partícipe a planes de pensiones, así como las contribuciones empresariales imputadas como rendimientos del trabajo al propio partícipe. En el supuesto se consideran reducibles los **3.500 euros** (2.500 + 1.000), en la medida en que no se exceden los límites fiscales aplicables en 2025 (artículos 51 y 52 de la LIRPF).

Base imponible general después de la reducción por aportaciones:

20.500 – 3.500 = **17.000 euros**.

No existe base imponible del ahorro (artículo 46 de la LIRPF), por no declararse rendimientos del capital mobiliario ni ganancias patrimoniales.

4. Base liquidable general y mínimo personal

En el caso planteado no concurren reducciones adicionales en la base imponible general por atención a situaciones de dependencia, envejecimiento o pensiones compensatorias (arts. 51 y 55 LIRPF), por lo que:

- **Base liquidable general** (artículo 50.1 LIRPF): **17.000 euros.**
- **Base liquidable del ahorro**: 0 euros.

El contribuyente no tiene descendientes ni ascendientes computables ni acredita discapacidad, por lo que el **mínimo personal y familiar** coincide con el mínimo del contribuyente del artículo 57.1 de la LIRPF:

- **Mínimo del contribuyente estatal**: 5.550 euros.
- En Andalucía, el mínimo personal autonómico se sitúa, para 2025, en **5.790 euros** (artículo 23 bis de la Ley 5/2021, de Tributos Cedidos de Andalucía).

De acuerdo con el artículo 56 de la LIRPF, el mínimo personal y familiar forma parte de la base liquidable general hasta agotar su importe.

5. Determinación de la cuota íntegra estatal (artículo 63 de la LIRPF)

Primero se aplica la escala estatal del artículo 63.1 de la LIRPF (vigente para 2025) a la **base liquidable general total** (17.000 euros) y, después, se minorará la cuota obtenida en la parte correspondiente al mínimo personal y familiar estatal (5.550 euros) gravado a tipo cero (artículo 63.1.2.º de la LIRPF).

5.1. Cuota estatal sobre la base liquidable general (17.000 euros)

Escala estatal 2025 (artículo 63.1 de la LIRPF):

Base liquidable hasta (euros)	Cuota íntegra (euros)	Resto base hasta (euros)	Tipo aplicable (%)
0,00	0,00	12.450,00	9,50
12.450,00	1.182,75	7.750,00	12,00
20.200,00	2.112,75	15.000,00	15,00
35.200,00	4.362,75	24.800,00	18,50
60.000,00	8.950,75	240.000,00	22,50
300.000,00	62.950,75	En adelante	24,50

La base liquidable de 17.000 euros se sitúa en el segundo tramo:

- Hasta 12.450 se aplica el tramo del 9,50 %, es decir 12.450 x 9,50 % = 1.182,75 euros.

- Al exceso entre 12.450 euros hasta 17.000 euros, es decir, 4.550 euros, se le aplica el tramo del 12 %, por lo tanto 4.550 x 12 % = 546 euros.

Cuota íntegra estatal previa al mínimo:

1.182,75 + 546,00 = **1.728,75 euros**.

5.2. Minoración por mínimo personal y familiar estatal

De conformidad con el artículo 63.1.2.º de la LIRPF, la parte de la base liquidable general correspondiente al mínimo personal y familiar (5.550 euros) se grava a tipo cero, lo que equivale a restar de la cuota anterior la cuota que correspondería a 5.550 euros aplicando la misma escala:

- 5.550 euros al 9,5 %:

5.550 × 9,5 % = **527,25 euros**.

Cuota íntegra estatal:

1.728,75 – 527,25 = **1.201,50 euros**.

No proceden deducciones estatales en la cuota líquida (artículo 67 de la LIRPF), ni la nueva deducción por obtención de rendimientos del trabajo, introducida por la Ley 5/2025, de 24 de julio, a través de una nueva disposición adicional sexagésima primera, con efectos desde 1 de enero de 2025, por superar el contribuyente los límites de rendimientos íntegros del trabajo (18.276 euros) exigidos para su aplicación.

- **Cuota líquida estatal: 1.201,50 euros**.

6. Determinación de la cuota íntegra autonómica (Andalucía)

En Andalucía, la escala autonómica aplicable en 2025 es la prevista en el artículo 23 de la Ley 5/2021, de 20 de octubre, de Tributos Cedidos de la Comunidad Autónoma de Andalucía. Para una base liquidable general de 17.000 euros resulta de aplicación la siguiente tarifa:

Base liquidable hasta (euros)	Cuota íntegra (euros)	Resto base hasta (euros)	Tipo aplicable (%)
0,00	0,00	13.000,00	9,50
13.000,00	1.235,00	8.100,00	12,00
21.100,00	2.207,00	14.100,00	15,00
35.200,00	4.322,00	24.800,00	18,50
60.000,00	8.910,00	En adelante	22,50

6.1. Cuota autonómica sobre la base liquidable general (17.000 euros)

- Hasta 13.000 euros se aplica el tramo del 9.50 %, es decir, 13.000 x 9.50 % = 1.235 euros.

- Al exceso entre 13.000 y 17.000, es decir, 4.000 euros, se le debe aplicar el tramo del 12 %, por lo que 4.000 x 12 % = 480 euros.

Cuota íntegra autonómica previa al mínimo:

1.235,00 + 480,00 = **1.715,00 euros**.

6.2. Minoración por mínimo personal y familiar autonómico

La Comunidad Autónoma de Andalucía ha incrementado el mínimo personal del contribuyente hasta **5.790 euros** (artículo. 23 bis de la Ley 5/2021). Aplicando el tipo del primer tramo (9,5 %) sobre dicho mínimo:

- 5.790 × 9,5 % = **550,05 euros**.

Cuota íntegra autonómica:

1.715,00 – 550,05 = **1.164,95 euros**.

No concurren deducciones autonómicas en la cuota líquida (artículo 77.b) de la LIRPF en relación con la normativa autonómica andaluza), por lo que:

- **Cuota líquida autonómica: 1.164,95 euros**.

7. Cuota líquida total y cuota resultante de la autoliquidación

- **Cuota líquida total** (artículo 79 de la LIRPF): suma de cuotas líquidas estatal y autonómica:

    1.201,50 + 1.164,95 = **2.366,45 euros**.

Al no constar enunciadas en el caso retenciones, ingresos a cuenta, ni otras deducciones adicionales, la **cuota resultante de la autoliquidación** se corresponde, a efectos del supuesto, con la **cuota líquida total**:

Cuota resultante de la autoliquidación IRPF 2025: 2.366,45 euros.

Conclusión práctica: las aportaciones al plan de pensiones, tanto empresariales imputadas como propias del contribuyente, reducen de forma efectiva la base imponible general en 3.500 euros, pasando de una base imponible general de 20.500 euros a una base liquidable general de 17.000 euros. Aplicadas las escalas estatal y autonómica vigentes en 2025 y los mínimos personales correspondientes, la tributación conjunta (cuota líquida total) asciende a 2.366,45 euros, sin que el contribuyente tenga derecho, por superar los umbrales exigidos, a la nueva deducción por obtención de rendimientos del trabajo del artículo 61 de la LIRPF, introducida con efectos desde 1 de enero de 2025.

Caso práctico | Plan de pensiones de persona fallecida, tributación de las cantidades percibidas por los beneficiarios

PLANTEAMIENTO

El titular de un plan de pensiones, residente fiscal en España, falleció a principios de 2025 y sus dos hijos, también residentes fiscales en España, cobraron la prestación correspondiente a dicho plan como beneficiarios designados.

¿Qué tratamiento tributario corresponde, en la actualidad, a las cantidades que los hijos perciben del plan de pensiones de su padre fallecido?

RESPUESTA

Las prestaciones que los hijos perciban al fallecimiento de su padre como beneficiarios de su plan de pensiones no están sujetas al Impuesto sobre Sucesiones y Donaciones, siempre que deban integrarse en la base imponible de un impuesto sobre la renta. En el supuesto planteado, al tratarse de beneficiarios residentes en España, las cantidades percibidas se integran en la base imponible del IRPF de cada hijo como rendimientos del trabajo sometidos al régimen general de retenciones.

La letra e) del artículo 3 del RISD establece que no estarán sujetas al Impuesto sobre Sucesiones y Donaciones «las cantidades que en concepto de prestaciones se perciban por los beneficiarios de Planes y Fondos de Pensiones o de sus sistemas alternativos, siempre que esté dispuesto que estas prestaciones se integren en la base imponible del Impuesto sobre la Renta del perceptor».

Por su parte, la regla 3.ª, del apartado 2.a) del artículo 17 de la LIRPF dispone que tendrán, en todo caso, la consideración de rendimientos del trabajo:

> «3.ª Las prestaciones percibidas por los beneficiarios de planes de pensiones y las percibidas de los planes de pensiones regulados en la Directiva (UE) 2016/2341 del Parlamento Europeo y del Consejo, de 14 de diciembre de 2016, relativa a las actividades y la supervisión de fondos de pensiones de empleo.
>
> Asimismo, las cantidades percibidas en los supuestos contemplados en el artículo 8.8 del texto refundido de la Ley de regulación de los planes y fondos de pensiones, aprobado por el Real Decreto Legislativo 1/2002, de 29 de noviembre, tendrán el mismo tratamiento fiscal que las prestaciones de los planes de pensiones».

De estos preceptos se desprende que:

- Las prestaciones de los planes de pensiones tributan siempre en un impuesto sobre la renta (IRPF o IRNR, según la residencia del perceptor) como rendimientos del trabajo del beneficiario.

- En la medida en que se integran en la base imponible de un impuesto sobre la renta, quedan no sujetas al ISD por aplicación de la letra e) del artículo 3 del RISD.

En el caso planteado, los hijos son contribuyentes por el IRPF, por lo que las cantidades que perciben del plan de pensiones de su padre fallecido se califican íntegramente como rendimientos del trabajo en su IRPF, con independencia de que la contingencia cubierta sea el fallecimiento del titular del plan. Esta calificación resulta hoy doctrina reiterada de la Dirección General de Tributos, que, entre otras, en sus **consultas vinculantes (V0147-22), de 28 de enero de 2022,** y **(V0168-25), de 13 de febrero de 2025,** declara expresamente que las prestaciones derivadas de planes de pensiones, cualquiera que sea la contingencia (incluido el fallecimiento), tributan en todo caso como rendimientos del trabajo y no están sujetas al ISD cuando se integran en la base imponible de un impuesto sobre la renta.

Finalmente, debe tenerse en cuenta que, si los beneficiarios fueran no residentes fiscales en España, las prestaciones del plan de pensiones seguirían estando no sujetas al ISD siempre que se integrasen en la base imponible del Impuesto sobre la Renta de no Residentes, tributando entonces conforme al TRLIRNR, sin perjuicio de la aplicación, en su caso, de los convenios para evitar la doble imposición, como aclara la DGT en la citada consulta **(V0168-25). de 13 de febrero de 2025.**

Caso práctico | Reducción IRPF por aportaciones a plan de pensiones del cónyuge tras la jubilación

PLANTEAMIENTO

Mateo, que es partícipe de un plan de pensiones, se jubila en noviembre de 2025 y procede al rescate de dicho plan de pensiones. Su cónyuge tiene otro plan de pensiones y carece de ingresos de ningún tipo.

Hasta entonces, Mateo venía practicando la reducción por aportación a plan de pensiones del artículo 51 de la LIRPF.

Una vez jubilado y rescatado su propio plan de pensiones, ¿podrá Mateo seguir aplicando en su declaración del IRPF la reducción prevista en el artículo 51.7 de la LIRPF por las aportaciones que realice al plan de pensiones de su cónyuge, y con qué límites?

RESPUESTA

Sí. La jubilación de Mateo y el rescate de su propio plan de pensiones no impiden, por sí mismos, la aplicación de la reducción prevista en el artículo 51.7 de la LIRPF por las aportaciones al sistema de previsión social de su cónyuge, siempre que se cumplan los requisitos legales. El importe máximo reducible por este concepto es de 1.000 euros anuales y la reducción se aplica exclusivamente en el ejercicio en que se realiza la aportación, sin posibilidad de trasladar excesos a ejercicios futuros.

En relación con las reducciones por aportaciones a planes de pensiones, el artículo 51.7 de la LIRPF señala:

> «Podrán reducirse en la base imponible general las siguientes aportaciones y contribuciones a sistemas de previsión social:
>
> (...)
>
> 7. Además de las reducciones realizadas con los límites previstos en el artículo siguiente, los **contribuyentes cuyo cónyuge no obtenga rendimientos netos del trabajo ni de actividades económicas, o los obtenga en cuantía inferior a 8.000 euros anuales, podrán reducir en la base imponible las aportaciones realizadas a los sistemas de previsión social** previstos en este artículo **de los que sea partícipe, mutualista o titular dicho cónyuge**, con el **límite máximo de 1.000 euros anuales**.
>
> Estas aportaciones no estarán sujetas al Impuesto sobre Sucesiones y Donaciones».

De este precepto se infiere, para el supuesto planteado, lo siguiente:

- Mateo podrá reducir en su base imponible general del IRPF las aportaciones realizadas al plan de pensiones del que es partícipe su cónyuge, siempre que este no obtenga rendimientos netos del trabajo ni de actividades económicas, o los obtenga por importe inferior a 8.000 euros anuales.

- La cuantía máxima reducible por este concepto es de 1.000 euros anuales.

- La reducción por este concepto solo puede aplicarse en el ejercicio en que se realizan las aportaciones. De acuerdo con la interpretación de la Dirección General de Tributos en la **consulta vinculante (V0161-24), de 19 de febrero de 2024**, respecto del apartado 7 del artículo 51 LIRPF, no cabe trasladar a ejercicios posteriores el eventual exceso de aportaciones no reducido por este concepto concreto.

- Además, conforme al apartado 1 del artículo 50 de la LIRPF, la base liquidable general no puede resultar negativa como consecuencia de la reducción por aportaciones a sistemas de previsión social, incluida la prevista en el artículo 51.7 de la LIRPF.

La jubilación de Mateo y el rescate de su propio plan de pensiones inciden en la posibilidad de seguir realizando aportaciones a su propio plan y en el destino de las mismas (contingencias de fallecimiento o dependencia) conforme al artículo 8.6 del texto refundido de la Ley de Regulación de los Planes y Fondos de Pensiones. Sin embargo, ello no afecta a la posibilidad de que, cumpliendo las condiciones expuestas, pueda aplicar la reducción del artículo 51.7 de la LIRPF por las aportaciones realizadas al sistema de previsión social de su cónyuge.

En este sentido, la **consulta vinculante de la Dirección General de Tributos (V3121-19), de 8 de noviembre de 2019**, ya admitió, respecto de un contribuyente jubilado titular de planes de pensiones que rescataba los mismos, la aplicación de la reducción del artículo 51.7 de la LIRPF por aportaciones al sistema de previsión social de su cónyuge, indicando que, siempre que se den los requisitos legales, «(...) puede resultar de aplicación, respecto de tales aportaciones, la reducción en la base imponible general del consultante prevista en el artículo 51.7 de la LIRPF».

Caso práctico | Obligación de declarar en IRPF si se realizan aportaciones a plan de pensiones

PLANTEAMIENTO

¿Se está obligado a presentar la declaración de la renta correspondiente a 2025 por haber realizado en dicho ejercicio aportaciones a un plan de pensiones?

RESPUESTA

El simple hecho de realizar aportaciones a un plan de pensiones no implica por sí solo la obligación de presentar declaración del IRPF. Sin embargo, si el contribuyente quiere ejercitar el derecho a reducir en su base imponible las aportaciones efectuadas al plan de pensiones, estará obligado a presentar la declaración, con independencia de que sus rentas no alcancen los umbrales cuantitativos generales de obligación de declarar.

La obligación de declarar en el IRPF se regula en el artículo 96 de la LIRPF, y en el artículo 61 del RIRPF. Con carácter general, los contribuyentes están obligados a presentar declaración, si bien los apartados 2 y 3 del artículo 96 de la LIRPF establece determinados límites excluyentes de dicha obligación en función de la naturaleza y cuantía de las rentas.

No obstante, el apartado 4 del artículo 96 de la LIRPF introduce una regla especial, disponiendo que:

> «4. Estarán obligados a declarar en todo caso los contribuyentes que tengan derecho a deducción por doble imposición internacional o que realicen aportaciones a patrimonios protegidos de las personas con discapacidad, planes de pensiones, planes de previsión asegurados o mutualidades de previsión social, planes de previsión social empresarial y seguros de dependencia que reduzcan la base imponible, en las condiciones que se establezcan reglamentariamente».

En desarrollo de este precepto, el artículo 61.1 del RIRPF dispone, en su último inciso, que:

> «(...) A efectos de lo dispuesto en el apartado 4 de dicho artículo, estarán obligados a declarar en todo caso los contribuyentes que tengan derecho a deducción por doble imposición internacional o que realicen aportaciones a patrimonios protegidos de las personas con discapacidad, planes de pensiones, planes de previsión asegurados, planes de previsión social empresarial, seguros de dependen-

cia o mutualidades de previsión social que reduzcan la base imponible, cuando ejerciten tal derecho».

De la combinación de ambos preceptos resulta que:

- La obligación general de declarar se determina por los límites de los apartados 2 y 3 del artículo 96 de la LIRPF.

- Las aportaciones a planes de pensiones, por sí mismas, no rompen esos límites: si el contribuyente no los supera y no pretende aplicar la reducción en base imponible por dichas aportaciones, no estará obligado a declarar.

- Ahora bien, si el contribuyente desea aplicar en su declaración del IRPF la reducción por aportaciones a planes de pensiones, quedará obligado a presentar autoliquidación, aunque sus rendimientos no alcancen los umbrales que con carácter general obligan a declarar.

Este criterio ha sido reiterado por la Dirección General de Tributos véase la **consulta vinculante de la DGT (V1116-20), de 28 de abril de 2020**, en la que la DGT concluye que:

«Conforme con la normativa expuesta, y con unos rendimientos íntegros del trabajo de 21.852,36 euros, el consultante no estará obligado a presentar la declaración del impuesto si no se encuentra incluido en alguno de los supuestos que se contemplan en el apartado 3 del artículo 96 de la Ley del Impuesto y no ejercitase el derecho a reducir las aportaciones al plan de pensiones».

Caso práctico | Tributación en IRPF de un plan de pensiones percibido tras jubilación activa

PLANTEAMIENTO

Antonio, alcanzada la edad de jubilación, optó por continuar desarrollando su actividad empresarial y se acogió a la jubilación activa, compatibilizando el cobro de la pensión de jubilación con su actividad. En este último año ha decidido jubilarse totalmente, cesando en la actividad económica y pasando a percibir el 100 % de la pensión de jubilación de la Seguridad Social.

Antonio es titular de un plan de pensiones con aportaciones realizadas antes de 2007 y todavía no ha percibido prestación alguna por jubilación de dicho plan. Pretende cobrar ahora, en forma de capital, la prestación del plan de pensiones. ¿Podrá aplicarse la reducción del 40 % en el IRPF por la percepción del plan de pensiones y, en particular, en qué momento se considera acaecida la contingencia de jubilación a efectos del plazo de la disposición transitoria duodécima de la LIRPF?

RESPUESTA

Sí. Podrá aplicarse la reducción del 40 % del derogado artículo 17.2.b) del Real Decreto legislativo 3/2004, de 5 de marzo (TRLIRPF) a la parte de la prestación que corresponda a aportaciones realizadas hasta el 31 de diciembre de 2006, siempre que:

- La prestación se perciba en forma de capital (o exista un cobro en forma de capital dentro de una combinación de formas de cobro).

- Hayan transcurrido más de dos años entre la primera aportación y la fecha en que se entienda acaecida la contingencia de jubilación.

- La percepción en forma de capital tenga lugar dentro del plazo fijado por la disposición transitoria duodécima de la LIRPF, computado desde el ejercicio en que se considere acaecida dicha contingencia.

En los supuestos de jubilación activa, a efectos de dicho cómputo, la contingencia de jubilación se entiende producida con carácter general en el momento de la jubilación inicial; no obstante, si no se inicia el cobro de la prestación del plan de pensiones hasta que finaliza la jubilación activa, la contingencia se considera acaecida en el momento del restablecimiento del percibo íntegro de la pensión de jubilación de la Seguridad Social o en el momento en que hubiera debido restablecerse dicho percibo íntegro.

La **disposición transitoria duodécima de la LIRPF** establece un régimen transitorio para las prestaciones derivadas de planes de pensiones:

> «(...)
> 2. Para las prestaciones derivadas de contingencias acaecidas a partir del 1 de enero de 2007, por la parte correspondiente a aportaciones realizadas hasta 31 de diciembre de 2006, los beneficiarios podrán aplicar el régimen financiero y, en su caso, aplicar la reducción prevista en el artículo 17 del texto refundido de la Ley del Impuesto sobre la Renta de las Personas Físicas vigente a 31 de diciembre de 2006.
> (...)
> 4. El régimen transitorio previsto en esta disposición únicamente podrá ser de aplicación, en su caso, a las prestaciones percibidas en el ejercicio en el que acaezca la contingencia correspondiente, o en los dos ejercicios siguientes.
> No obstante, en el caso de contingencias acaecidas en los ejercicios 2011 a 2014, el régimen transitorio solo podrá ser de aplicación, en su caso, a las prestaciones percibidas hasta la finalización del octavo ejercicio siguiente a aquel en el que acaeció la contingencia correspondiente. En el caso de contingencias acaecidas en los ejercicios 2010 o anteriores, el régimen transitorio solo podrá ser de aplicación, en su caso, a las prestaciones percibidas hasta el 31 de diciembre de 2018».

Por su parte, el artículo 17.2.b) del derogado TRLIRPF, aprobado por el Real Decreto Legislativo 3/2004, de 5 de marzo (vigente a 31 de diciembre de 2006), establecía:

> «b) El 40 por 100 de reducción en el caso de las prestaciones establecidas en el artículo 16.2.a) de esta Ley, excluidas las previstas en el apartado 5.º, que se perciban en forma de capital, siempre que hayan transcurrido más de dos años desde la primera aportación. El plazo de dos años no resultará exigible en el caso de prestaciones por invalidez».

De la combinación de la disposición transitoria duodécima de la LIRPF y del artículo 17.2.b) del TRLIRPF (2004) resulta:

- La reducción del 40 % solo puede aplicarse a la parte de la prestación correspondiente a aportaciones realizadas antes del 1 de enero de 2007.

- Solo es aplicable a percepciones en forma de capital (o a la parte cobrada como capital en prestaciones mixtas).

- La reducción únicamente puede aplicarse una sola vez por contingencia y contribuyente, respecto del conjunto de planes de pensiones vinculados a esa contingencia, y en un único período impositivo.

- La percepción en forma de capital debe realizarse dentro de los plazos temporales fijados en el apartado 4 de la disposición transitoria duodécima, computados desde el ejercicio en que se entienda producida la contingencia de jubilación.

En los supuestos de jubilación activa regulados en el artículo 214 del TRLGSS, la Dirección General de Seguros y Fondos de Pensiones ha considerado que es posible el cobro de la prestación de jubilación del plan de pensiones en dicha situación, sin necesidad de previsión expresa en las especificaciones del plan.

Partiendo de ello, la Dirección General de Tributos ha precisado el momento en que se considera acaecida la contingencia de jubilación a efectos de la aplicación del régimen transitorio de la disposición transitoria duodécima de la LIRPF, en particular, podemos citar, como ejemplo, las **consultas vinculantes (V124119), de 31 de mayo,** y **(V021624), de 27 de febrero:**

- **Regla general:** la contingencia de jubilación acaece en el momento en que el partícipe accede efectivamente a la jubilación en el régimen correspondiente de la Seguridad Social (jubilación inicial), con independencia de que sea ordinaria, anticipada o posterior.

- **Regla especial en jubilación activa cuando no se cobra el plan durante dicha situación:** si el partícipe no cobra ni inicia el cobro de la prestación de jubilación del plan mientras se encuentra en jubilación activa, la contingencia de jubilación se considera producida, a efectos fiscales, en el momento en que:

  - Se restablece el percibo íntegro de la pensión de jubilación de la Seguridad Social.

  - Hubiera correspondido dicho restablecimiento, en los supuestos en que la jubilación activa permita percibir el 100 % de la pensión.

Aplicando estos criterios al caso planteado:

- Antonio se acogió en su día a la jubilación activa y compatibilizó la pensión con su actividad.

- No ha percibido hasta la fecha ninguna prestación por jubilación de su plan de pensiones.

- En el último año cesa de forma definitiva en la actividad económica y pasa a percibir el 100 % de la pensión de jubilación de la Seguridad Social.

Conforme a la doctrina administrativa citada, la contingencia de jubilación, a efectos de la disposición transitoria duodécima, se entiende producida en el ejercicio en que se restablece el percibo íntegro de la pensión de jubilación (cese de la jubilación activa), y no en el ejercicio de la jubilación inicial, dado que hasta ese momento no se ha iniciado el cobro de la prestación del plan de pensiones.

En consecuencia:

- Si Antonio percibe en forma de capital la prestación de su plan de pensiones en el propio ejercicio en que se restablece el 100 % de la pensión o en cualquiera de los dos ejercicios siguientes (y, en su caso, dentro de los plazos especiales del apartado 4 de la disposición transitoria duodécima si la contingencia se encuadra en alguno de los ejercicios a que dicho apartado se refiere), podrá aplicar la reducción del 40 % sobre la parte de la prestación correspondiente a aportaciones realizadas hasta el 31-12-2006, siempre que se cumpla el requisito temporal de más de dos años desde la primera aportación.

- La cuantía sometida a reducción se integrará como rendimiento del trabajo en la base imponible general del IRPF, minorada en el 40 % sobre la parte correspondiente a aportaciones anteriores a 2007. El resto de la prestación (aportaciones posteriores a 2006 y rendimientos) tributará sin reducción, como rendimiento del trabajo.

De este modo, Antonio podrá beneficiarse de la reducción del 40 % siempre que planifique el cobro en forma de capital dentro del marco temporal derivado del ejercicio en que, por finalizar la jubilación activa, se restablece el percibo íntegro de la pensión de jubilación de la Seguridad Social.

Caso práctico | Tributación del rescate de plan de pensiones en el extranjero por residente en España

PLANTEAMIENTO

«A», de nacionalidad inglesa y residente fiscal en España desde hace años, es titular de un plan de pensiones en el Reino Unido regulado conforme a la Directiva 2003/41/CE (fondo de pensiones de empleo). Ha decidido hacer efectivos sus derechos consolidados (rescate), bien por jubilación, bien por un supuesto de desempleo de larga duración que permite el cobro anticipado del plan. El rescate se va a percibir en forma de capital.

¿Cómo tributa en España ese rescate y, en particular, puede «A» aplicar la reducción del 40 % sobre la prestación percibida? En su caso, ¿en qué condiciones temporales y sobre qué parte del capital resultaría aplicable dicha reducción?

RESPUESTA

Sí, el rescate tributa en España como rendimiento del trabajo y, si concurren los requisitos legales, puede aplicarse la reducción del 40 % exclusivamente sobre la parte del capital que corresponda a aportaciones realizadas hasta el 31 de diciembre de 2006, respetando además los plazos máximos fijados en la disposición transitoria duodécima de la LIRPF para percibir la prestación.

1. Calificación y sujeción en España

De acuerdo con la residencia fiscal en España, «A» es contribuyente del IRPF y tributa por su renta mundial. El rescate del plan de pensiones del Reino Unido se integra en la declaración española.

Tratándose de un plan de pensiones de empleo regulado por la Directiva 2003/41/CE, del Parlamento Europeo y del Consejo, de 14 de diciembre de 2016, la prestación percibida tiene, a efectos del IRPF, la consideración de rendimiento del trabajo, conforme al apartado 2.a).3.ª del artículo 17 de la LIRPF: las prestaciones percibidas de planes de pensiones y de los regulados en la citada Directiva se califican en todo caso como rendimientos del trabajo y se integran en la base imponible general.

En la medida en que el pagador es una entidad del Reino Unido y el perceptor es residente en España, resulta de aplicación el Convenio entre el Reino de España y el Reino Unido de Gran Bretaña e Irlanda del Norte para evitar la doble imposición y prevenir la evasión fiscal en materia de impuestos sobre la renta y sobre el patrimonio y su Protocolo, hechos en Londres el 14 de marzo de 2013. Siguiendo el criterio de la **consulta vinculante de la DGT (V0982-19), de 8 de mayo de 2019**, la prestación procedente del plan de pensiones se encuadra en el art. 17 del Convenio (pensiones y remuneraciones análogas), por lo que:

- La prestación solo puede someterse a imposición en España, al ser el Estado de residencia del perceptor.
- El Reino Unido no puede gravar dicha renta en virtud del Convenio.

En consecuencia, todo el capital rescatado debe declararse en España como rendimiento del trabajo.

2. Aplicación de la reducción del 40 % (régimen transitorio)

La disposición transitoria duodécima de la LIRPF establece un régimen transitorio para las prestaciones de planes de pensiones, que permite aplicar la reducción prevista en el artículo 17.2.b) del TRLIRPF aprobado por el Real Decreto Legislativo 3/2004, de 5 de marzo, vigente hasta el 31 de diciembre de 2006, esto es, una reducción del 40 % en determinadas prestaciones percibidas en forma de capital.

Esta reducción se puede aplicar, cumpliéndose el resto de requisitos, a la parte de la prestación que corresponda a aportaciones realizadas hasta el 31 de diciembre de 2006, cuando:

- La prestación se perciba en forma de capital.
- Hayan transcurrido más de 2 años desde la primera aportación (plazo no exigible en caso de invalidez).
- La prestación se perciba dentro de los plazos temporales fijados en el apartado 4 de la DT 12.ª de la LIRPF (introducido por la Ley 26/2014), según el ejercicio en que haya acaecido la contingencia.

La **consulta vinculante de la DGT (V0982-19), de 8 de mayo de 2019** precisa que, en los supuestos excepcionales de liquidez, a efectos del régimen transitorio, la contingencia o supuesto excepcional se entiende producido en el momento en que se cumple el conjunto de requisitos exigidos para hacer efectivos los derechos consolidados. Ese momento es el que determina el ejercicio de acaecimiento de la contingencia y, por tanto, el cómputo de los plazos máximos para aplicar la reducción.

El régimen transitorio solo puede aplicarse una sola vez por cada contingencia y para el conjunto de planes de pensiones del partícipe. En la práctica:

- La reducción del 40 % solo puede aplicarse a las cantidades percibidas en forma de capital en un único período impositivo, elegido por el contribuyente, y por la parte que corresponda a las aportaciones realizadas con anterioridad al 31 de diciembre de 2006.

- Las cantidades percibidas en otros ejercicios, aunque se perciban en forma de capital, tributarían en su totalidad sin aplicación de la reducción del 40%.

Caso práctico | Tributación del rescate de un plan de pensiones por persona no residente

PLANTEAMIENTO

«A», funcionario del Estado, va a jubilarse en noviembre de este año y trasladar su residencia a Marsella (Francia). Tiene un plan/fondo de pensiones contratado con una entidad residente en España que desea rescatar el año que viene en forma de capital, en un solo pago, cuando ya prevé ser residente fiscal en Francia.

¿Cómo tributará el rescate del plan de pensiones contratado en España por un ciudadano que, en el momento del cobro, tiene la condición de no residente en España? ¿En qué supuestos tributará exclusivamente en el Estado de residencia y en cuáles puede someterse a gravamen en España?

RESPUESTA

Con carácter previo debe determinarse, para el año en que se rescata el plan de pensiones, la residencia fiscal del perceptor conforme al artículo 9 de la LIRPF y, en su caso, a las reglas del convenio para evitar la doble imposición suscrito entre España y el Estado de nueva residencia (en el supuesto planteado, el Convenio Hispano-Francés). A partir de ahí, han de diferenciarse:

1. Supuesto en que el contribuyente es residente fiscal en el otro Estado a efectos del Convenio (aplicable el CDI)

En este caso, la tributación se rige por el Convenio para evitar la doble imposición, de forma similar a lo razonado por la DGT para el Convenio Hispano-Portugués en **las resoluciones (V3379-19), de 11 de diciembre de 2019**, y **(V3533-19), de 23 de diciembre de 2019**:

a) Plan/fondo que instrumenta pensiones derivadas de un empleo anterior en el sector privado

Cuando el plan de pensiones esté vinculado a un empleo anterior en el sector privado, las prestaciones se encuadran, con carácter general, en el artículo del Convenio relativo a pensiones privadas por empleo anterior (art. 18 del CDI hispano-portugués; precepto equivalente en el CDI hispano-francés): las pensiones y remuneraciones análogas pagadas a un residente de un Estado contratante por razón de un empleo anterior solo pueden someterse a imposición en ese Estado.

En consecuencia, si en el momento del rescate el perceptor es residente fiscal en el otro Estado a efectos del Convenio, las rentas derivadas del rescate —aunque se perciban en forma de capital, en un único pago— solo pueden someterse a gravamen en el Estado de residencia del perceptor y no tributan en España, ni existe obligación de practicar retención en España.

b) Plan/fondo que instrumenta pensiones derivadas de servicios prestados a la Administración Pública española

Si el plan de pensiones se percibe por razón de servicios prestados al Estado español, a una entidad territorial o a un organismo de derecho público, la calificación se efectúa conforme al artículo del Convenio relativo a las funciones públicas (art. 19 en el CDI hispano-portugués y precepto equivalente en el CDI hispano-francés). En términos análogos al CDI con Portugal, cuando el perceptor sea nacional español y las prestaciones deriven de servicios prestados al Estado español, la regla general es que dichas pensiones se someten exclusivamente a gravamen en España.

En la normativa interna, el cobro del capital correspondiente se considera renta obtenida en España por tratarse de pensiones y prestaciones similares (apartado 1.d) del artículo 13 del TRLIRNR), sujeta al Impuesto sobre la Renta de no Residentes cuando el perceptor tiene la condición de no residente en España. La entidad española que satisface la prestación debe practicar la correspondiente retención a cuenta (artículo 31 del TRLIRNR), calculada conforme a la base imponible (artículo 24 del TRLIRNR) y el tipo de gravamen aplicable (artículo 25 del TRLIRNR).

c) Plan/fondo de pensiones individual (no vinculado a empleo anterior, ni público ni privado)

Cuando las prestaciones no derivan de un empleo anterior (ni privado ni público), sino de un plan de pensiones individual contratado por el contribuyente con una o varias entidades financieras, estas rentas, a efectos de los convenios de doble imposición, se encuadran en la cláusula residual de «otras rentas» (art. 22.1 del CDI hispano-portugués; precepto análogo en el CDI hispano-francés):

> «Las rentas de un residente de un Estado contratante que no se mencionan específicamente en otros artículos del Convenio solo pueden someterse a imposición en ese Estado».

2. Supuesto en que el contribuyente no es residente fiscal en el otro Estado a efectos del Convenio (no aplicable el CDI)

Si, pese a residir de hecho en el extranjero, el contribuyente no tiene la condición de residente a efectos del Convenio (por no estar sometido a sujeción plena en ese Estado, conforme a la segunda frase del art. 4.1 de los CDI y a los comentarios 8.1 y 8.3 del Modelo de convenio de la OCDE citados por la **consulta vinculante de la DGT (V3379-19), de 11 de diciembre de 2019)**, el Convenio no resulta aplicable y la tributación se rige exclusivamente por la normativa interna española del IRNR (TRLIRNR):

- El artículo 12 del TRLIRNR define el hecho imponible como la obtención de rentas en territorio español por contribuyentes no residentes.

- El apartado 1.d) del artículo 13 del TRLIRNR califica como rentas obtenidas en España las pensiones y demás prestaciones similares, cuando deriven de un empleo prestado en España o cuando se satisfagan por una persona o entidad residente en territorio español. A estos efectos, se consideran prestaciones similares, en particular, las previstas actualmente en el art. 17.2.a).3.º LIRPF («prestaciones percibidas por los beneficiarios de los planes de pensiones»), sin distinguir el tipo de plan de que se trate.

Por tanto, si el plan o fondo de pensiones es satisfecho por una entidad residente en España, el capital percibido se entiende obtenido en territorio español y queda sujeto al IRNR. La entidad gestora o aseguradora española viene obligada a practicar retención (artículo 31 del TRLIRNR) por un importe equivalente a la deuda tributaria que corresponda conforme a:

- La base imponible, que con carácter general es el importe íntegro del rendimiento (artículo 24 del TRLIRNR), con las especialidades aplicables a residentes en la UE.

- El tipo de gravamen previsto en el apartado 1.b) del artículo 25 del TRLIRNR, que establece una tarifa progresiva para pensiones y prestaciones similares percibidas por personas físicas no residentes.

Caso práctico | Obligación de declarar IRPF percibiendo pensión de jubilación y prestación de un plan de pensiones

PLANTEAMIENTO

En el año 2025, Antonio percibe 14.000 euros anuales correspondientes a su pensión de jubilación del INSS y 2.600 euros como prestación de viudedad de un plan de pensiones, careciendo de otros ingresos.

¿Tendrá obligación de presentar la declaración de la renta correspondiente al ejercicio 2025?

RESPUESTA

Sí, Antonio tiene obligación de presentar la declaración de la renta correspondiente al ejercicio 2025, al percibir rendimientos del trabajo procedentes de dos pagadores que en conjunto superan 15.876 euros anuales, siendo el importe satisfecho por el segundo pagador superior a 1.500 euros anuales.

Para determinar si Antonio debe presentar declaración del IRPF por el ejercicio 2025, en primer lugar, ha de calificarse la naturaleza de las rentas obtenidas.

Conforme al artículo 17.2.a) de la LIRPF:

- Tienen la consideración de rendimientos del trabajo, entre otros, «**Las pensiones y haberes pasivos percibidos de los regímenes públicos de la Seguridad Social y clases pasivas y demás prestaciones públicas por situaciones de incapacidad, jubilación, accidente, enfermedad, viudedad, o similares (...)**» [regla 1.ª del artículo 17.2.a) de la LIRPF].

- Asimismo, son rendimientos del trabajo **las prestaciones percibidas por los beneficiarios de planes de pensiones** y las percibidas de los planes de pensiones regulados en la Directiva (UE) 2016/2341, así como las cantidades percibidas en los supuestos del artículo 8.8 del texto refundido de la Ley de regulación de los planes y fondos de pensiones, aprobado por el Real Decreto Legislativo 1/2002, de 29 de noviembre, que tendrán el mismo tratamiento fiscal que las prestaciones de los planes de pensiones [regla 3.ª del artículo 17.2.a) de la LIRPF].

Por ello, **tanto la pensión de jubilación percibida del INSS (14.000 euros) como la prestación de viudedad procedente del plan de pensiones (2.600 euros) constituyen rendimientos del trabajo a efectos del IRPF.**

A continuación, debe acudirse al **artículo 96 de la LIRPF**, relativo a la obligación de declarar. En lo que aquí interesa, dicho precepto dispone:

«1. Los contribuyentes estarán obligados a presentar y suscribir declaración por este Impuesto, con los límites y condiciones que reglamentariamente se establezcan.

2. No obstante, **no tendrán que declarar** los contribuyentes que obtengan rentas procedentes exclusivamente de las siguientes fuentes, en tributación individual o conjunta:

a) **Rendimientos íntegros del trabajo, con el límite de 22.000 euros anuales**.

(...)

3. **El límite a que se refiere la letra a) del apartado 2 anterior será de 15.876 euros** para los contribuyentes que perciban rendimientos íntegros del trabajo en los siguientes supuestos:

a) **Cuando procedan de más de un pagador**. No obstante, el límite será de 22.000 euros anuales en los siguientes supuestos:

1.º Si la suma de las cantidades percibidas del segundo y restantes pagadores, por orden de cuantía, **no supera en su conjunto la cantidad de 1.500 euros anuales**.

2.º Cuando se trate de contribuyentes cuyos únicos rendimientos del trabajo consistan en las prestaciones pasivas a que se refiere el artículo 17.2.a) de esta Ley y la determinación del tipo de retención aplicable se hubiera realizado de acuerdo con el procedimiento especial que reglamentariamente se establezca.

(...)».

A TENER EN CUENTA. El apartado 3 del artículo 96 de la LIRPF, en la redacción vigente en 2025, fija el límite reducido de rendimientos del trabajo en **15.876 euros** para, entre otros supuestos, los contribuyentes que obtienen rendimientos del trabajo de más de un pagador, manteniéndose el umbral de **1.500 euros anuales** para la suma de las cantidades del segundo y restantes pagadores a efectos de poder aplicar el límite general de 22.000 euros. El intento de elevación de dicho umbral a 2.500 euros anuales previsto en el derogado Real Decreto-ley 9/2024, de 23 de diciembre, no llegó a desplegar efectos al haber sido rechazado por el Congreso de los Diputados (Resolución de 22 de enero de 2025, BOE de 23/01/2025), por lo que **en 2025 continúa siendo aplicable el límite de 1.500 euros**.

En el caso planteado, en el ejercicio 2025 Antonio obtiene exclusivamente rendimientos del trabajo procedentes de:

- Primer pagador (INSS): 14.000 euros (pensión de jubilación).

- Segundo pagador (entidad gestora del plan de pensiones): 2.600 euros (prestación de viudedad del plan de pensiones).

En consecuencia:

- Los rendimientos del trabajo **proceden de más de un pagador**.

- La suma de los rendimientos íntegros del trabajo asciende a **16.600 euros**, importe que **supera el límite de 15.876 euros** previsto en el artículo 96.3 de la LIRPF para estos supuestos.

- Las cantidades percibidas del segundo pagador (2.600 euros) **superan los 1.500 euros anuales**, por lo que no resulta de aplicación el límite general de 22.000 euros del artículo 96.2.a) LIRPF.

Por tanto, al superar los rendimientos íntegros del trabajo el umbral de **15.876 euros anuales** en un supuesto de **pluralidad de pagadores** en el que las cuantías del segundo y restantes pagadores exceden de **1.500 euros anuales, Antonio está obligado a presentar declaración del IRPF por el ejercicio 2025**, de acuerdo con el artículo 96.3.a) de la LIRPF.

Caso práctico | IRPF y régimen transitorio aplicable a los planes de pensiones, de mutualidades de previsión social y de planes de previsión asegurados

PLANTEAMIENTO

«A» ha ejercido una actividad profesional y, por dicha actividad, ha venido cotizando al Régimen Especial de Trabajadores Autónomos de la Seguridad Social. Además, pertenece a la mutualidad de previsión social de su colegio profesional y es partícipe de un plan de pensiones individual, tanto la mutualidad como el plan de pensiones con aportaciones anteriores al 31 de diciembre de 2006.

Llegado el cese de la actividad profesional (contingencia de jubilación), pretende cobrar la prestación de jubilación de la mutualidad en forma mixta: una parte en forma de capital y el resto en cinco anualidades. Transcurridos dichos cinco años, desea comenzar a cobrar la prestación del plan de pensiones en forma de capital.

Aplicando al capital percibido de la mutualidad la reducción del 40 % por las cantidades aportadas con anterioridad a 2007, y una vez finalizado el plazo de los cinco años del cobro de la parte en forma de renta, ¿existe la posibilidad de percibir la prestación del plan de pensiones en forma de capital aplicando igualmente la reducción del 40 % por la parte correspondiente a aportaciones anteriores a 2007, pudiendo además optar por ejercicios distintos para el cobro de cada prestación?

RESPUESTA

Sí, la reducción del 40 % puede aplicarse, con carácter independiente, a la prestación en forma de capital procedente de la mutualidad de previsión social y a la procedente del plan de pensiones, siempre por la parte que corresponda a aportaciones realizadas hasta el 31 de diciembre de 2006 y cumpliendo, en cada caso, los requisitos y plazos establecidos en la disposición transitoria 12.ª de la LIRPF. La normativa del IRPF no impone que ambas prestaciones deban percibirse en el mismo ejercicio, aunque el régimen transitorio solo será aplicable si cada cobro en forma de capital se realiza dentro del plazo temporal que corresponda según el ejercicio en que acaeció la contingencia.

1. Calificación de las prestaciones

El apartado 2.a) del artículo 17 de la LIRPF, califica como rendimientos del trabajo, entre otros, los siguientes:

- Las prestaciones percibidas por los beneficiarios de planes de pensiones.

- Las prestaciones percibidas por los beneficiarios de contratos de seguros concertados con mutualidades de previsión social cuando sus aportaciones hayan podido ser gasto deducible para la determinación del rendimiento neto de actividades económicas u objeto de reducción en la base imponible.

Por tanto, las prestaciones por jubilación derivadas tanto del plan de pensiones como de la mutualidad de previsión social se integran en la base imponible general como rendimientos del trabajo.

2. Régimen transitorio y reducción del 40 %

La disposición transitoria 12.ª de la LIRPF regula el régimen transitorio aplicable a planes de pensiones, mutualidades de previsión social y planes de previsión asegurados. Su apartado 2 dispone, en lo que aquí interesa:

> «Para las prestaciones derivadas de contingencias acaecidas a partir del 1 de enero de 2007, por la parte correspondiente a aportaciones realizadas hasta el 31 de diciembre de 2006, los beneficiarios podrán aplicar el régimen financiero y, en su caso, aplicar la reducción prevista en el artículo 17 del texto refundido de la Ley del Impuesto sobre la Renta de las Personas Físicas vigente a 31 de diciembre de 2006».

El artículo 17.2.b) del texto refundido de la Ley del IRPF, aprobado por el Real Decreto Legislativo 3/2004, de 5 de marzo, vigente hasta el 31 de diciembre de 2006, establecía:

> «El 40 por 100 de reducción, en el caso de las prestaciones establecidas en el artículo 16.2.a) de esta Ley, excluidas las previstas en el apartado 5.º, que se perciban en forma de capital, siempre que hayan transcurrido más de dos años desde la primera aportación. El plazo de dos años no resultará exigible en el caso de prestaciones por invalidez».

Conforme a la **consulta vinculante (V0105-20), de 17 de enero de 2020**, para las prestaciones por jubilación derivadas de planes de pensiones y mutualidades de previsión social percibidas en forma de capital:

- Se consideran rendimientos del trabajo e integran la base imponible general.

- Podrá aplicarse la reducción del 40 % a la parte de la prestación que corresponda a aportaciones anteriores a 31 de diciembre de 2006, siempre que hayan transcurrido más de dos años entre la primera aportación y la fecha de jubilación (salvo invalidez).

- En caso de percibir en forma de capital prestaciones derivadas de un plan de pensiones y de una mutualidad de previsión social por la misma contingencia, la aplicación de la reducción del 40 % se realiza de forma independiente en cada una de las prestaciones.

3. Plazos para aplicar el régimen transitorio

El apartado 4 de la disposición transitoria 12.ª de la LIRPF, condiciona la aplicación de la reducción del 40 % a que las prestaciones se perciban dentro de determinados plazos, en función del ejercicio en que acaezca la contingencia:

- Con carácter general, el régimen transitorio (y, por tanto, la reducción del 40 %) solo puede aplicarse a las prestaciones percibidas en el ejercicio en que acaezca la contingencia o en los dos ejercicios siguientes.

- Para contingencias acaecidas entre 2011 y 2014, la reducción puede aplicarse a las prestaciones percibidas hasta la finalización del octavo ejercicio siguiente a aquel en que acaeció la contingencia.

- Para contingencias acaecidas en 2010 o anteriores, la reducción puede aplicarse únicamente a las prestaciones percibidas hasta el 31 de diciembre de 2018.

Caso práctico | Tributación en IRPF de la recuperación de un plan de pensiones en forma de renta

PLANTEAMIENTO

Un contribuyente, vecino de Sevilla, de 66 años de edad, ha percibido en el ejercicio 2025 por la pensión de jubilación 12.000 euros y, en ese mismo ejercicio, prestaciones por un plan de pensiones (cuyo importe total acumulado es de 60.000 euros) en forma de renta por importe de 3.000 euros. No obtuvo ningún otro tipo de rendimientos.

¿Cuál será su tributación en el IRPF de 2025 por estas percepciones?

RESPUESTA

La percepción en forma de renta del plan de pensiones será considerada como rendimientos del trabajo. Para calcular los rendimientos del trabajo del contribuyente deberemos sumar las cuantías obtenidas por la pensión de jubilación con las prestaciones provenientes del plan de pensiones en forma de renta. Dado que la totalidad de las prestaciones recibidas del plan de pensiones lo son en forma de renta, no habrá lugar a la aplicación del régimen transitorio previsto en la disposición transitoria duodécima de la LIRPF (reducción del 40 % para las prestaciones de planes de pensiones percibidas en forma de capital derivadas de contingencias acaecidas a partir del 1 de enero de 2007, por la parte correspondiente aportaciones realizadas hasta el 31 de diciembre de 2006).

1. Calificación de las rentas

De acuerdo con el artículo 17.2.a) de la LIRPF, las prestaciones percibidas por los beneficiarios de planes de pensiones tienen la consideración de rendimientos del trabajo.

Por su parte, la pensión de jubilación satisfecha por la Seguridad Social también constituye rendimiento del trabajo (artículo 17.2.a) de la LIRPF).

No se aplica el régimen transitorio de la disposición transitoria 12.ª de la LIRPF (reducción del 40 % para prestaciones en forma de capital por aportaciones anteriores a 31-12-2006), ya que la prestación del plan se percibe íntegramente en forma de renta.

2. Determinación del rendimiento neto del trabajo (artículo 19 de la LIRPF)

- Rendimientos íntegros del trabajo:
  - Pensión de jubilación: 12.000 €.

- Prestaciones del plan de pensiones en forma de renta: 3.000 €.

Total rendimientos íntegros del trabajo = 12.000 + 3.000 = 15.000 euros.

De los datos del caso no resultan otros gastos deducibles distintos de los previstos en el artículo 19.2 de la LIRPF, por lo que, a efectos prácticos, el rendimiento neto previo coincide con el íntegro a la hora de calcular la reducción del artículo 20 de la LIRPF (el propio artículo 20 remite al rendimiento neto minorado solo por los gastos de las letras a) a e) del artículo 19.2).

Rendimiento neto del trabajo a efectos del artículo 20 de la LIRPF = 15.000 €.

3. Reducción por obtención de rendimientos del trabajo (artículo 20 de la LIRPF, en la redacción vigente desde 1-1-2024)

El contribuyente:

- Tiene rendimientos netos del trabajo de 15.000 € (inferiores a 19.747,5 €).

- No obtiene otras rentas, excluidas las exentas, distintas de las del trabajo superiores a 6.500 €.

Por tanto, procede aplicar la reducción del artículo 20 de la LIRPF:

Contribuyentes con rendimientos netos del trabajo iguales o inferiores a 14.852 €	7.302 € anuales
Contribuyentes con rendimientos netos del trabajo superiores a 14.852 €, pero iguales o inferiores a 17.673,52 €	7.302 € menos el resultado de multiplicar por 1,75 la diferencia entre el rendimiento del trabajo y 14.852 € anuales
Contribuyentes con rendimientos netos del trabajo comprendidos entre 17.673,52 € y 19.747,5 €	2.364,34 € menos el resultado de multiplicar por 1,14 la diferencia entre el rendimiento del trabajo y 17.673,52 € anuales

El rendimiento neto del trabajo del contribuyente (a estos efectos) es 15.000 €, encuadrado en el segundo tramo:

Reducción = $7.302 - [1,75 \times (15.000 - 14.852)]$

= $7.302 - [1,75 \times 148]$

= $7.302 - 259 = \mathbf{7.043}$ **€.**

Esta reducción se aplica directamente sobre el rendimiento neto del trabajo (sin incluir el gasto general de 2.000 € del artículo 19.2.f) de la LIRPF, porque el propio artículo 20 de la misma remite expresamente al rendimiento neto calculado sin ese concepto), sin embargo, este gasto deducible podrá aplicarse para el cálculo final del rendimiento neto del trabajo reducido.

Rendimiento neto del trabajo reducido = 15.000 – 7.043 – 2.000 = 5.957 €.

> **A TENER EN CUENTA.** El artículo 20 de la LIRPF fue modificado por el Real Decreto-ley 4/2024, de 26 de junio, con efectos desde el 1 de enero de 2024, quedando la reducción que contempla según acaba de exponerse. La reforma modificó el importe de la reducción y sus tramos, pues con carácter previo solo se preveía una reducción de 6.498 euros anuales para los contribuyentes con rendimientos netos del trabajo iguales o inferiores a 14.047,50 euros; y una reducción de 6.498 euros menos el resultado de multiplicar por 1,14 la diferencia entre el rendimiento del trabajo y 14.047,50 euros, para aquellos contribuyentes con rendimientos netos del trabajo comprendidos entre 14.047,50 y 19.747,5 euros (esa redacción previa de la norma procedía de la Ley 31/2022, de 23 de diciembre, que había modificado el precepto con efectos desde 1 de enero de 2023 y vigencia indefinida).

4. Base imponible general y base liquidable general

– Al no existir otros rendimientos ni ganancias o pérdidas patrimoniales, la base imponible general se forma exclusivamente con el rendimiento neto del trabajo reducido:

Base imponible general = 5.957 €.

– De los datos obrantes en el caso no se desprende la posibilidad de aplicación de alguna de las reducciones establecidas en la LIRPF:

Base liquidable general = 5.957 €.

No existe base del ahorro.

5. Mínimo personal y familiar

a) Mínimo personal y familiar estatal (artículos 56 y 57 de la LIRPF)

Contribuyente de 66 años:

- Mínimo del contribuyente general: 5.550 € (artículo 57.1 de la LIRPF).
- Incremento por edad superior a 65 años e inferior a 75 años: 1.150 € (artículo 57.2 de la LIRPF).

Mínimo personal estatal = 5.550 + 1.150 = 6.700 €.

b) Mínimo personal y familiar autonómico (Andalucía)

De acuerdo con el artículo 23 bis de la Ley 5/2021, de 20 de octubre, de Tributos Cedidos de la Comunidad Autónoma de Andalucía, el mínimo personal autonómico para un contribuyente de 66 años es:

- Mínimo del contribuyente: 5.790 €.

- Incremento por edad superior a 65 años e inferior a 75 años: 1.200 €.

Mínimo personal autonómico = 5.790 + 1.200 = 6.990 €.

6. Determinación de la cuota íntegra y cuota líquida

Dado que la cuantía de la base imponible general es inferior al mínimo personal y familiar, se consigna como cuota líquida 0 euros.

- Cuota íntegra estatal: 0 euros.

- Cuota líquida estatal: 0 euros (de los datos obrantes en el caso no se desprende la posibilidad de aplicación de alguna de las deducciones establecidas en la LIRPF).

- Cuota íntegra autonómica: 0 euros.

- Cuota líquida autonómica: 0 euros (de los datos obrantes en el caso no se desprende la posibilidad de aplicación de alguna de las deducciones establecidas por la Comunidad Autónoma de Andalucía).

7. Cuota resultante de la autoliquidación y cuota diferencial

Al no resultar cuota líquida total a ingresar:

- **Cuota resultante de la autoliquidación: 0 €.**

Sobre la cuota resultante de la autoliquidación se deducirían las retenciones e ingresos a cuenta practicadas, en su caso, durante el ejercicio 2025 y las deducciones a las que tuviese derecho (del caso no se desprende que tenga derecho a ninguna de las previstas), dando como resultado la cuota diferencial del impuesto.

Conclusión: las prestaciones del plan de pensiones percibidas en forma de renta en 2025 se integran como rendimientos del trabajo junto con la pensión de jubilación, pero, aplicadas la reducción por obtención de rendimientos del trabajo del artículo 20 de la LIRPF y el mínimo personal estatal y autonómico, la cuota del IRPF 2025 del contribuyente resulta nula.

Caso práctico | Tributación en IRPF de la recuperación de un plan de pensiones con solo aportaciones posteriores a 2007

PLANTEAMIENTO

Un contribuyente, vecino de Sevilla, de 66 años de edad, percibió en el ejercicio 2025 por la pensión de jubilación 12.000 euros y, en ese mismo ejercicio, las prestaciones por un plan de pensiones en forma de capital por importe de 60.000 euros. No tiene ningún otro tipo de rendimientos. Las aportaciones realizadas al fondo de pensiones se desglosan de la siguiente forma:

- Hasta 31 de diciembre de 2006: 0 euros.
- Desde 1 de enero de 2007 hasta la recuperación: 60.000 euros.

¿Cuál será su tributación en IRPF?

RESPUESTA

La percepción en forma de capital del plan de pensiones será considerada como rendimientos del trabajo. Para calcular los rendimientos del trabajo del contribuyente deberemos sumar las cuantías obtenidas por la pensión de jubilación con las prestaciones provenientes del plan de pensiones en forma de capital. Dado que la totalidad de las aportaciones realizadas son posteriores a 1 de enero de 2007, no habrá lugar a la aplicación del régimen transitorio previsto en la disposición transitoria duodécima de la LIRPF (reducción del 40 % para las prestaciones percibidas en forma de capital, derivadas de contingencias que se produzcan a partir del 1 de enero de 2007, por la parte correspondiente a aportaciones realizadas hasta 31 de diciembre de 2006).

1. Calificación de las prestaciones del plan de pensiones.

Las prestaciones de los planes de pensiones, cualquiera que sea la contingencia cubierta y la forma de cobro (capital o renta), tienen la consideración de rendimientos del trabajo (apartado 2.a).3.ª del artículo 17 de la LIRPF).

En este caso, los 60.000 euros percibidos en 2025 por el rescate en forma de capital del plan de pensiones se califican íntegramente como rendimientos del trabajo.

2. Inaplicación del régimen transitorio de la disposición transitoria 12.ª de la LIRPF.

La disposición transitoria 12.ª de la LIRPF permite aplicar la reducción del 40 % a determinadas prestaciones en forma de capital correspondientes a aportaciones realizadas hasta el 31-12-2006, cumpliendo los requisitos de plazos que en ella se indican.

En el supuesto planteado, todas las aportaciones (60.000 euros) se han realizado desde el 1-1-2007, por lo que:

- No existe parte de la prestación correspondiente a aportaciones anteriores al 31-12-2006.

- No procede, por tanto, aplicar la reducción del 40 % prevista en la disposición transitoria 12.ª de la LIRPF.

La totalidad de los 60.000 euros del plan tributa como rendimiento íntegro del trabajo sin reducción específica distinta de la reducción general por obtención de rendimientos del trabajo del artículo 20 de la LIRPF.

3. Determinación del rendimiento neto del trabajo

Rendimientos íntegros del trabajo en 2025:

- Pensión de jubilación: 12.000 €.

- Prestación del plan de pensiones en forma de capital: 60.000 €.

Total rendimientos íntegros del trabajo: 72.000 €.

a) Gastos deducibles del apartado 2 del artículo 19 de la LIRPF:

De acuerdo con el artículo 19.2 de la LIRPF (redacción vigente en 2025), son gastos deducibles, entre otros, las cotizaciones a la Seguridad Social y, en concepto de otros gastos distintos de los anteriores, 2.000 euros anuales (apartado 2.f) del artículo 19 de la LIRPF), con el límite del rendimiento íntegro una vez minorado por el resto de gastos deducibles.

En ausencia de otros datos, y a efectos puramente ilustrativos, se toma únicamente el gasto general de 2.000 € del art. 19.2.f) de la LIRPF:

- Rendimiento neto del trabajo = 72.000 – 2.000 = 70.000 €.

Reducción por obtención de rendimientos del trabajo (artículo 20 de la LIRPF, vigente desde 1-1-2024)

Solo resulta aplicable cuando los rendimientos netos del trabajo son inferiores a 19.747,5 € y se cumplen determinados requisitos adicionales (art. 20 de la LIRPF). Con un rendimiento neto de 70.000 €, no procede reducción por obtención de rendimientos del trabajo.

Base imponible general = 70.000 €.

4. Base liquidable general

No concurren en el caso datos que permitan aplicar reducciones de los arts. 51, 53, 54 o 55 LIRPF, por lo que:

- Base liquidable general = 70.000 €.

5. Mínimo personal y familiar estatal (artículos 56 y 57 de la LIRPF)

Para 2025 se mantienen las cuantías básicas de mínimos personales y familiares:

- Mínimo del contribuyente (apartado 1 del artículo 57 de la LIRPF): 5.550 €.

- Incremento por edad superior a 65 años e igual o inferior a 75 años (apartado 2 del artículo 57 de la LIRPF): 1.150 €.

Mínimo personal estatal = 5.550 + 1.150 = 6.700 €.

Dado que la base liquidable general (70.000 €) es superior al mínimo (6.700 €), este se integra íntegramente en la base liquidable general a efectos del cálculo de la cuota estatal (apartado 2 del artículo 56 de la LIRPF).

6. Cuota íntegra estatal (artículo 63 de la LIRPF)

La cuota íntegra estatal se obtiene aplicando la escala general estatal del art. 63 LIRPF a la base liquidable general (70.000 €) y restando la parte correspondiente al mínimo personal y familiar gravado a tipo cero.

6.1. Aplicación de la escala estatal a la base liquidable general (70.000 €)

Escala general estatal 2025 (art. 63 de la LIRPF):

Base liquidable Hasta euros	Cuota íntegra Euros	Resto base liquidable Hasta euros	Tipo aplicable Porcentaje
0,00	0,00	12.450,00	9,50
12.450,00	1.182,75	7.750,00	12,00
20.200,00	2.112,75	15.000,00	15,00
35.200,00	4.362,75	24.800,00	18,50
60.000,00	8.950,75	240.000,00	22,50
300.000,00	62.950,75	En adelante	24,50

Cálculo por tramos hasta 70.000 €:

- Hasta 12.450 €: 12.450 × 9,50 % = 1.182,75 €.

- De 12.450 a 20.200 €: (20.200 − 12.450) = 7.750 € × 12 % = 930,00 €.

- De 20.200 a 35.200 €: (35.200 − 20.200) = 15.000 € × 15 % = 2.250,00 €.

- De 35.200 a 60.000 €: (60.000 − 35.200) = 24.800 € × 18,50 % = 4.588,00 €.

- De 60.000 a 70.000 €: (70.000 – 60.000) = 10.000 € × 22,50 % = 2.250,00 €.

Cuota por escala general estatal sobre 70.000 € = 1.182,75 + 930 + 2.250 + 4.588 + 2.250 = 11.200,75 €.

6.2. Minoración por el mínimo personal y familiar estatal

Se aplica la misma escala al mínimo personal estatal (6.700 €), gravado técnicamente a tipo cero (art. 63.1.2.º de la LIRPF).

- Hasta 6.700 € todo en el primer tramo (hasta 12.450 €): 6.700 × 9,50 % = 636,50 €.

Importe a restar por mínimo personal: 636,50 €.

Cuota íntegra estatal = 11.200,75 – 636,50 = 10.564,25 €.

No constan en el supuesto deducciones estatales aplicables (artículo 67 de la LIRPF), por lo que:

- **Cuota líquida estatal = 10.564,25 €.**

7. Mínimo personal y familiar autonómico (Andalucía)

De acuerdo con el art. 23 bis de la Ley 5/2021, de 20 de octubre, de Tributos Cedidos de la Comunidad Autónoma de Andalucía (redacción vigente para 2025), el mínimo autonómico del contribuyente es:

- Mínimo del contribuyente: 5.790 €.
- Incremento por edad superior a 65 años e igual o inferior a 75 años: 1.200 €.

Mínimo personal autonómico Andalucía = 5.790 + 1.200 = 6.990 €.

8. Cuota íntegra autonómica (Andalucía)

Se aplica la escala autonómica general de Andalucía (artículo 23 de la Ley 5/2021, de 20 de octubre) a la base liquidable general (70.000 €) y se resta la parte correspondiente al mínimo autonómico.

8.1. Aplicación de la escala autonómica andaluza a 70.000 €

Base liquidable Hasta euros	Cuota íntegra Euros	Resto base liquidable Hasta euros	Tipo aplicable Porcentaje
0,00	0,00	13.000,00	9,50%
13.000,00	1.235,00	8.100,00	12,00%
21.100,00	2.207,00	14.100,00	15,00%
35.200,00	4.322,00	24.800,00	18,50%
60.000,00	8.910,00	En adelante	22,50%

Cálculo por tramos hasta 70.000 €:

- Hasta 13.000 €: 13.000 × 9,50 % = 1.235,00 €.

- De 13.000 a 21.100 €: (21.100 – 13.000) = 8.100 € × 12 % = 972,00 €.

- De 21.100 a 35.200 €: (35.200 – 21.100) = 14.100 € × 15 % = 2.115,00 €.

- De 35.200 a 60.000 €: (60.000 – 35.200) = 24.800 € × 18,50 % = 4.588,00 €.

- De 60.000 a 70.000 €: (70.000 – 60.000) = 10.000 € × 22,50 % = 2.250,00 €.

Cuota por escala autonómica sobre 70.000 € = 1.235 + 972 + 2.115 + 4.588 + 2.250 = 11.160,00 €.

8.2. Minoración por el mínimo personal autonómico

El mínimo autonómico (6.990 €) se grava técnicamente a tipo cero en Andalucía, aplicando el primer tramo de la escala autonómica (9,50 %):

- 6.990 × 9,50 % = 664,05 €.

Cuota íntegra autonómica = 11.160,00 – 664,05 = 10.495,95 €.

No consta la aplicación de deducciones autonómicas específicas, por lo que:

- **Cuota líquida autonómica = 10.495,95 €.**

9. Cuota líquida total y cuota resultante de la autoliquidación

Sin considerar deducciones estatales o autonómicas distintas de las generales ni retenciones o ingresos a cuenta, la cuota líquida total es la suma de la cuota líquida estatal y autonómica (artículo 79 de la LIRPF):

- Cuota líquida estatal: 10.564,25 €.

- Cuota líquida autonómica: 10.495,95 €.

Cuota líquida total= 10.564,25 + 10.495,95 = 21.060,20 €.

En ausencia de datos sobre retenciones practicadas en la pensión o sobre pagos a cuenta, la cuota resultante de la autoliquidación coincidiría, a efectos meramente orientativos, con la cuota líquida total:

- **Cuota resultante de la autoliquidación IRPF 2025 (aprox.) = 21.060,20 €.**

En la declaración real del contribuyente deberían minorarse de esta cifra las retenciones e ingresos a cuenta efectivamente soportados y, en su caso, las deducciones estatales y autonómicas a las que pudiera tener derecho.

Caso práctico | Tributación en IRPF 2025 del rescate en capital de un plan de pensiones con aportaciones anteriores a 2007

PLANTEAMIENTO

Un contribuyente, vecino de Sevilla, de 66 años de edad, ha percibido en el ejercicio 2025 una pensión de jubilación de 12.000 euros y, en ese mismo ejercicio, prestaciones de un plan de pensiones en forma de capital por importe de 60.000 euros. No obtiene ningún otro tipo de rendimientos.

Las aportaciones realizadas al plan de pensiones se desglosan así:

- Hasta 31 de diciembre de 2006: 42.000 euros.
- Desde 1 de enero de 2007 hasta la recuperación: 18.000 euros.

Se trata de la primera prestación que percibe de dicho plan de pensiones y se cobra íntegramente en forma de capital en 2025.

¿Cuál será su tributación en el IRPF 2025, teniendo en cuenta el régimen transitorio aplicable a las aportaciones realizadas hasta el 31-12-2006?

RESPUESTA

La percepción en forma de capital del plan de pensiones será considerada como rendimientos del trabajo a efectos del IRPF. Para calcular los rendimientos del trabajo del contribuyente deberemos sumar las cuantías obtenidas por la pensión de jubilación con las prestaciones provenientes del plan de pensiones en forma de capital. De las prestaciones por el plan de pensiones en forma de capital, a la parte correspondiente a las aportaciones realizadas hasta 31 de diciembre de 2006, se les aplicará el régimen transitorio previsto en la disposición transitoria duodécima de la LIRPF, es decir, una reducción del 40 %.

1. Calificación de las prestaciones del plan de pensiones

Conforme al **artículo 17.2.a) 3.ª de la Ley 35/2006, del IRPF** (en adelante, LIRPF), las prestaciones percibidas de planes de pensiones tienen la consideración de **rendimientos del trabajo**, con independencia de la forma en que se perciban (renta o capital).

En el caso planteado, los 60.000 euros percibidos en 2025 en forma de capital se integran como rendimiento del trabajo, junto con la pensión de jubilación (12.000 euros).

2. Aplicación del régimen transitorio a las aportaciones anteriores al 1-1-2007

El régimen transitorio aplicable a las prestaciones de planes de pensiones correspondiente a aportaciones realizadas antes de 1 de enero de 2007 se recoge en la **disposición transitoria duodécima de la LIRPF**. De acuerdo con la misma:

- La parte de la prestación percibida en forma de capital correspondiente a aportaciones realizadas **hasta el 31-12-2006** puede beneficiarse de una **reducción del 40 %**, siempre que se cumplan, entre otros, los siguientes requisitos principales:

  - Que la prestación se perciba en forma de capital (pago único o en varios pagos en un mismo ejercicio que tengan carácter de capital).

  - Que se trate de la primera prestación percibida por la contingencia correspondiente (en este caso, jubilación) desde dicho plan.

  - Que la prestación en forma de capital se perciba **en el ejercicio de la contingencia o en los dos siguientes**, cuando la contingencia (jubilación) se hubiera producido a partir de 1-1-2015.

En el supuesto planteado:

- Se indica que es la primera prestación del plan y que se percibe en forma de capital.

- Para que proceda la reducción, debe verificarse que la jubilación se ha producido en 2025, 2024 o 2023 (esto es, que 2025 se encuentre dentro del plazo que exige la DT 12.ª de la LIRPF). A efectos del caso, se entiende cumplido este requisito.

Por tanto, la parte de la prestación correspondiente a las aportaciones realizadas hasta 31-12-2006 (42.000 euros) puede acogerse a la reducción del 40 % de la DT 12.ª de la LIRPF.

3. Determinación de los rendimientos del trabajo

3.1. Rendimientos íntegros del trabajo

- Pensión de jubilación: 12.000 euros.

- Prestación del plan de pensiones: 60.000 euros.

Rendimientos íntegros del trabajo:

12.000 + 60.000 = **72.000 euros**.

3.2. Aplicación de la reducción del 40 % de la DT 12.ª de la LIRPF

Importe de la prestación correspondiente a aportaciones anteriores a 1-1-2007 susceptible de reducción:

Base susceptible de reducción (aportaciones hasta 31-12-2006): 42.000 euros.

Reducción del 40 %:

42.000 × 40 % = **16.800 euros**.

Importe de la prestación del plan de pensiones que se integra en la base imponible, una vez aplicada la reducción:

60.000 – 16.800 = **43.200 euros**.

3.3. Rendimiento íntegro del trabajo a integrar tras la reducción

Rendimiento íntegro del trabajo a integrar:

Pensión de jubilación: 12.000 euros.

Prestación plan de pensiones (tras reducción): 43.200 euros.

Total rendimientos íntegros del trabajo tras la reducción: 12.000 + 43.200 = **55.200 euros**.

3.4. Gastos deducibles del trabajo (artículo 19.2 de la LIRPF)

De acuerdo con el artículo 19.2 de la LIRPF, tienen la consideración de gastos deducibles, entre otros, las cotizaciones a la Seguridad Social y, en todo caso, **2.000 euros en concepto de otros gastos** [artículo 19.2.f) de la LIRPF]. En el planteamiento no se suministra información sobre cotizaciones u otros gastos deducibles, por lo que se aplica únicamente el gasto general de 2.000 euros.

Rendimiento neto del trabajo:

55.200 – 2.000 = **53.200 euros**.

4. Determinación de la base imponible y la base liquidable general

En el caso, no existen rendimientos del ahorro ni ganancias o pérdidas patrimoniales, por lo que:

- **Base imponible general**: 53.200 euros.
- **Base imponible del ahorro**: 0 euros.

No se indican datos que permitan aplicar reducciones de la base imponible general (artículos 51 a 55 de la LIRPF), por lo que:

- **Base liquidable general**: 53.200 euros.
- **Base liquidable del ahorro**: 0 euros.

5. Mínimo personal y familiar aplicable en 2025

De acuerdo con los artículos 56 y 57 de la LIRPF, el mínimo del contribuyente en 2025 es:

- Mínimo general del contribuyente (artículo 57.1 de la LIRPF): 5.550 euros.
- Incremento por ser mayor de 65 años (artículo 57.2 de la LIRPF): 1.150 euros.

Mínimo personal total:

5.550 + 1.150 = **6.700 euros**.

No constan descendientes, ascendientes a cargo ni discapacidad, por lo que el mínimo personal y familiar aplicable asciende a **6.700 euros**, que se integrará en la base liquidable general y del ahorro conforme a lo dispuesto en el artículo 56.2 de la LIRPF.

6. Cuota íntegra estatal (referencia normativa vigente para 2025)

La cuota íntegra estatal se calcula aplicando la **escala general estatal** del artículo 63 de la LIRPF, sobre la base liquidable general, y minorando posteriormente la parte correspondiente al mínimo personal y familiar

Sobre la base liquidable aplicamos la escala estatal del impuesto aplicable al ejercicio 2025 (artículo 63 de la LIRPF):

Base liquidable Hasta euros	Cuota íntegra Euros	Resto base liquidable Hasta euros	Tipo aplicable Porcentaje
0,00	0,00	12.450,00	9,50
12.450,00	1.182,75	7.750,00	12,00
20.200,00	2.112,75	15.000,00	15,00
35.200,00	4.362,75	24.800,00	18,50
60.000,00	8.950,75	240.000,00	22,50
300.000,00	62.950,75	En adelante	24,50

Hasta 12.450 euros se aplica el tramo del 9,50 %, es decir, 12.450 x 9,50 % = 1.182,75 euros.

Desde 12.450 hasta 20.200 euros se aplica el tramo del 12 %, es decir, (20.200 - 12.450) x 12 % = 930 euros.

Desde 20.200 euros hasta 35.200 euros se aplica el tramo del 15 %, es decir, (35.200 - 20.200) x 15 % = 2.250 euros.

Desde 35.200 euros hasta 53.200 euros se aplica el tramo del 18,50 %, es decir, (53.200 - 35.200) x 18,50 % = 3.330 euros.

Total: 1.182,75 + 930 + 2.250 + 3.330 = 7.692,75 euros.

Ahora debemos aplicar el mínimo personal y familiar, conforme a lo dispuesto en el artículo 63 de la LIRPF, para obtener la cuota íntegra estatal:

6.700 x 9,50 % = 636,50 euros.

7.692,75 - 636,50 = **7.056,25 euros**.

7. Cuota íntegra autonómica (Andalucía, ejercicio 2025)

Para el cálculo de la **cuota íntegra autonómica** se aplica la escala autonómica aprobada por la Comunidad Autónoma de Andalucía (artículo 74 de la LIRPF y artículo 23 de la Ley 5/2021, de 20 de octubre, de Tributos Cedidos de la Comunidad Autónoma de Andalucía), vigente para el ejercicio 2025, y el mínimo personal y familiar autonómico regulado en el artículo 23 bis de dicha ley.

a) Mínimo personal y familiar autonómico (Andalucía)

Según el artículo 23 bis de la Ley 5/2021, de 20 de octubre, el mínimo del contribuyente en Andalucía para 2025 es:

- Mínimo general del contribuyente: 5.790 euros.
- Incremento por edad (mayor de 65 años y menor de 75): 1.200 euros.

Mínimo autonómico total:

5.790 + 1.200 = **6.990 euros**.

b) Aplicación de la escala autonómica Andalucía 2025

- Cálculo de la cuota íntegra autonómica:

Sobre la base liquidable aplicamos la escala autonómica aprobada por la correspondiente comunidad autónoma, en nuestro caso Andalucía, que para el ejercicio 2025 es la siguiente (artículo 23 de la Ley 5/2021, de 20 de octubre):

Base liquidable Hasta euros	Cuota íntegra Euros	Resto base liquidable Hasta euros	Tipo aplicable Porcentaje
0,00	0,00	13.000,00	9,50%
13.000,00	1.235,00	8.100,00	12,00%
21.100,00	2.207,00	14.100,00	15,00%
35.200,00	4.322,00	24.800,00	18,50%
60.000,00	8.910,00	En adelante	22,50%

Hasta 13.000 euros se aplica el tramo del 9,50 %, es decir, 13.000 x 9,50 % = 1.235 euros.

Desde 13.000 hasta 21.100 euros se aplica el tramo del 12 %, es decir, (21.100 - 13.000) x 12 % = 972 euros.

Desde 21.100 euros hasta 35.200 euros se aplica el tramo del 15 %, es decir, (35.200 - 21.100) x 15 % = 2.115 euros.

Desde 35.200 euros hasta 53.200 euros se aplica el tramo del 18,50 %, es decir, (53.200 - 35.200) x 18,50 % = 3.330 euros.

Total: 1.235 + 972 + 2.115 + 3.330 = 7.652 euros.

Ahora debemos aplicar el mínimo personal y familiar, conforme a lo dispuesto en el artículo 74 de la LIRPF, para obtener la cuota íntegra autonómica:

6.990 x 9,50 % = 664,05 euros.

7.652 - 664,05 = 6.987,95 euros.

Por tanto, aplicando la escala autonómica sobre la base liquidable general (53.200 euros) y restando, posteriormente, la parte correspondiente al mínimo autonómico (6.990 euros), se obtiene una **cuota íntegra autonómica aproximada de 6.987,95 euros**, calculada con arreglo a los tramos y tipos vigentes.

8. Cuotas líquidas y cuota resultante de la autoliquidación

En el planteamiento no se indica la existencia de deducciones estatales o autonómicas (artículos 68 y 77 de la LIRPF), por lo que:

- **Cuota líquida estatal**: 7.056,25 euros.
- **Cuota líquida autonómica**: 6.987,95 euros.

Cuota líquida total (artículo 79 de la LIRPF):

7.056,25 + 6.987,95 = **14.044,20 euros**.

No constan retenciones sobre la pensión ni sobre el rescate del plan ni pagos a cuenta adicionales (artículo 99 de la LIRPF). En tal caso, la **cuota resultante de la autoliquidación coincidiría, en la práctica, con la cuota líquida total**:

Cuota resultante de la autoliquidación IRPF 2025: 14.044,20 euros.

Si existieran retenciones practicadas sobre la pensión de jubilación o sobre la prestación del plan de pensiones, o pagos fraccionados, se restarían de la cuota líquida total para determinar la **cuota diferencial** (artículo 79 de la LIRPF), pudiendo resultar una cantidad a ingresar o a devolver.

Caso práctico | Aplicación de la reducción en IRPF si se hacen efectivos los derechos consolidados de un plan de pensiones por enfermedad grave del cónyuge

PLANTEAMIENTO

El partícipe de un plan de pensiones, en el que existen aportaciones realizadas con anterioridad a 2007, hace efectivos sus derechos consolidados por enfermedad grave de su cónyuge, en forma de capital, para afrontar los gastos necesarios derivados de dicha situación. El plan de pensiones contempla expresamente esta posibilidad y se cumplen todos los requisitos normativos para la disposición anticipada de los derechos consolidados.

¿Cabe la aplicación de la reducción del 40% en el IRPF, conforme al régimen transitorio establecido en la disposición transitoria duodécima de la Ley 35/2006, de 28 de noviembre, del IRPF, a la parte correspondiente a aportaciones anteriores a 2007?

RESPUESTA

De cumplirse los requisitos para la liquidez excepcional del plan de pensiones por enfermedad grave, si la prestación se percibe en forma de capital, podrá aplicarse la reducción del 40 % a la parte que corresponda a aportaciones realizadas hasta el 31 de diciembre de 2006, siempre que hayan pasado más de dos años entre la primera aportación y la fecha de la contingencia, y que se perciba en el plazo que señala la disposición transitoria duodécima de la LIRPF.

La normativa vigente permite la aplicación de la reducción del 40% en el IRPF sobre las prestaciones de los planes de pensiones derivadas de aportaciones realizadas hasta el 31 de diciembre de 2006, siempre que se den los siguientes requisitos:

- La prestación se perciba en forma de capital.
- Entre la primera aportación y la fecha de la contingencia hayan transcurrido más de dos años (salvo en el caso de invalidez).
- La prestación se perciba en el ejercicio en que se hizo efectivo el derecho o en los dos ejercicios siguientes.

El **artículo 8.8 del Texto Refundido de la Ley de Regulación de los Planes y Fondos de Pensiones, aprobado por Real Decreto Legislativo 1/2002, de 29 de noviembre**, y el **artículo 9 del Reglamento de planes y fondos de pensiones, aprobado por Real Decreto 304/2004, de 20 de febrero**, regulan como supuesto excepcional de liquidez la enfermedad grave, posibilitando, si así lo contemplan las especificaciones del plan, la disposición anticipada de los derechos consolidados por tal causa, cuando afecta al partícipe, a su cónyuge, a ascendientes o descendientes en primer grado, o a persona dependiente en los términos reglamentarios.

En estos casos, tanto la norma legal como el desarrollo reglamentario exigen acreditación médica de la gravedad, y que suponga disminución de la renta disponible por aumento de gastos o reducción de ingresos (artículo 9 del RPFP). Se señala expresamente que el cobro de los derechos consolidados en estos supuestos tributará en IRPF como rendimientos del trabajo (artículo 17.2.a.3.ª de la LIRPF). Es decir, el partícipe del plan de pensiones podrá hacer efectivos sus derechos consolidados por enfermedad grave del cónyuge, siempre que así lo permitan las especificaciones de su plan de pensiones y que concurran las condiciones que se indican en dicho precepto; y las cantidades que se perciban del plan de pensiones en dichos supuestos recibirán el mismo tratamiento fiscal que las prestaciones de los planes de pensiones (tributarán en el IRPF del perceptor, con la consideración de rendimientos del trabajo).

Respecto a las prestaciones correspondientes a aportaciones realizadas hasta el 31 de diciembre de 2006, la disposición transitoria duodécima de la LIRPF (Ley 35/2006, en su redacción y régimen vigente), establece un régimen de reducción del 40% para las percepciones en forma de capital derivadas de estos derechos, con las siguientes condiciones:

- Se deben percibir dentro del ejercicio en que acaezca la contingencia (en este caso, la enfermedad grave cuyos requisitos habilitan a la disposición anticipada), o en los dos ejercicios siguientes.

- Debe haber más de dos años entre la primera aportación y la fecha de la contingencia.

- La reducción solo resulta aplicable a la parte de prestación percibida en forma de capital que corresponda a las aportaciones realizadas antes de 2007.

Por tanto, de cumplirse todas las condiciones descritas (forma de capital, plazo, antigüedad de las aportaciones y percepción dentro del periodo permitido), podrá aplicarse la reducción del 40% a la parte de la prestación correspondiente a aportaciones anteriores a 2007, aunque la liquidez haya tenido lugar por el supuesto excepcional de enfermedad grave del cónyuge.

Como conclusión, cabe afirmar que, si concurren los requisitos anteriores, y la prestación se percibe en forma de capital en el plazo fijado normativamente, los importes correspondientes a aportaciones anteriores a 2007 podrán beneficiarse de la reducción del 40% prevista en la disposición transitoria duodécima de la LIRPF, incluso aunque el hecho causante sea la disposición anticipada por enfermedad grave reconocida reglamentariamente respecto del cónyuge.

Caso práctico | Cobro de la prestación en forma de capital de un plan de pensiones y régimen transitorio de la D.T. 12.ª de la LIRPF

PLANTEAMIENTO

Un contribuyente divorciado solicitó, en 2025, el cobro de la prestación en forma de capital de un plan de pensiones del que era titular desde el año 2001. De acuerdo con lo previsto en el convenio regulador de divorcio, la mitad de la cuantía de los derechos económicos del plan correspondería a su excónyuge.

¿Qué tratamiento recibirá en el IRPF la prestación percibida del citado plan de pensiones? ¿Será posible, en su caso, repercutir la cuota pagada en el IRPF en relación con el cobro de la mitad de la prestación?

RESPUESTA

La percepción en forma de capital del plan de pensiones será considerada como rendimiento del trabajo a los efectos del IRPF. De las prestaciones por el plan de pensiones recibidas en forma de capital, a la parte correspondiente a las aportaciones realizadas hasta 31 de diciembre de 2006, le resultará de aplicación el régimen transitorio previsto en la disposición transitoria duodécima de la LIRPF; es decir, una reducción del 40 %, siempre que se cumplan los requisitos para ello.

Las prestaciones derivadas de los planes de pensiones tributan en el IRPF exclusivamente en sede del beneficiario, que en el caso concreto planteado es el contribuyente y no su excónyuge, como rendimientos del trabajo, y por el importe total percibido. No obstante, si la mitad de las prestaciones se abonasen al excónyuge en concepto de pensión compensatoria, el contribuyente tendría derecho a aplicar la reducción por pensiones compensatorias a favor del cónyuge prevista en el artículo 55 de la LIRPF.

a) Aplicabilidad de la reducción recogida en la disposición transitoria duodécima de la LIRPF

El apartado 2.a).3.ª del artículo 17 de la LIRPF establece lo siguiente:

> «2. En todo caso, **tendrán la consideración de rendimientos del trabajo**:
> a) Las siguientes prestaciones:
> (...)
> 3.ª **Las prestaciones percibidas por los beneficiarios de planes de pensiones y las percibidas de los planes de**

pensiones regulados en la Directiva (UE) 2016/2341 del Parlamento Europeo y del Consejo, de 14 de diciembre de 2016, relativa a las actividades y la supervisión de fondos de pensiones de empleo.

Asimismo, las cantidades percibidas en los supuestos contemplados en el artículo 8.8 del texto refundido de la Ley de Regulación de los Planes y Fondos de Pensiones, aprobado por el Real Decreto Legislativo 1/2002, de 29 de noviembre, tendrán el mismo tratamiento fiscal que las prestaciones de los planes de pensiones».

Por tanto, se establece de manera explícita que las rentas obtenidas a través de planes de pensiones por parte de sus beneficiarios se calificarán como rendimientos del trabajo a los efectos del IRPF.

A este respecto, conviene tener en cuenta que la disposición transitoria duodécima de la LIRPF regula **un régimen transitorio para los planes de pensiones**:

«(...)

2. **Para las prestaciones derivadas de contingencias acaecidas a partir del 1 de enero de 2007,** por la parte correspondiente a aportaciones realizadas hasta el 31 de diciembre de 2006, **los beneficiarios podrán aplicar el régimen financiero y, en su caso, aplicar la reducción prevista en el artículo 17 del texto refundido de la Ley del Impuesto sobre la Renta de las Personas Físicas vigente a 31 de diciembre de 2006.**

(...)

4. **El régimen transitorio previsto en esta disposición únicamente podrá ser de aplicación, en su caso, a las prestaciones percibidas en el ejercicio en el que acaezca la contingencia correspondiente, o en los dos ejercicios siguientes.**

No obstante, en el caso de contingencias acaecidas en los ejercicios 2011 a 2014, el régimen transitorio solo podrá ser de aplicación, en su caso, a las prestaciones percibidas hasta la finalización del octavo ejercicio siguiente a aquel en el que acaeció la contingencia correspondiente. En el caso de contingencias acaecidas en los ejercicios 2010 o anteriores, el régimen transitorio solo podrá ser de aplicación, en su caso, a las prestaciones percibidas hasta el 31 de diciembre de 2018».

Por su parte, el artículo 17.2.b) del TRLIRPF, en su redacción vigente a 31 de diciembre de 2006 (actualmente derogado), preveía la siguiente reducción aplicable a determinadas rentas del trabajo:

«2. Como regla general, los rendimientos íntegros se computarán en su totalidad, excepto que les sea de aplicación alguna de las reducciones siguientes:

(...)

b) El **40 por 100 de reducción en el caso de las prestaciones establecidas en el artículo 16.2.a) de esta Ley**, excluidas las previstas en el apartado 5º, que se perciban en forma de capital, siempre que hayan transcurrido más de dos años desde la primera aportación. El plazo de dos años no resultará exigible en el caso de prestaciones por invalidez».

En este sentido, se manifiesta asimismo la Dirección General de Tributos en su **consulta vinculante (V2648-24), de 26 de diciembre de 2024**, en la que establece lo siguiente:

«De los preceptos anteriores se desprende que las prestaciones de planes de pensiones se consideran, en todo caso, rendimientos del trabajo, y deben ser objeto de integración en la base imponible general del Impuesto sobre la Renta de las Personas Físicas del perceptor.

Además, si la prestación se percibe en forma de capital, podrá aplicarse la reducción del 40 por 100 a la parte de la prestación que corresponda a aportaciones realizadas hasta el 31 de diciembre de 2006, siempre que hayan transcurrido más de dos años entre la primera aportación al plan de pensiones y la fecha de acaecimiento de la contingencia y la misma se perciba en el plazo señalado en la disposición transitoria duodécima antes transcrita (...)».

En resumen, **el contribuyente podrá aplicar la reducción del 40 % recogida en la disposición transitoria duodécima de la LIRPF, por la parte de la correspondiente a aportaciones efectuadas hasta el 31 de diciembre de 2006.**

b) Integración de la parte del plan de pensiones correspondiente al cónyuge

A este respecto, es importante la alusión que hace el citado artículo 17 de la LIRPF a los **beneficiarios**; así como lo previsto en los dos primeros apartados del artículo 11 de la LIRPF, que señalan lo siguiente:

«1. La renta se entenderá obtenida por los contribuyentes en función del origen o fuente de aquélla, cualquiera que sea, en su caso, el régimen económico del matrimonio.

2. **Los rendimientos del trabajo se atribuirán exclusivamente a quien haya generado el derecho a su percepción.** No obstante, **las prestaciones a que se refiere el artículo 17.2.a) de esta Ley se atribuirán a las personas físicas en cuyo favor estén reconocidas**».

Por su parte el apartado 5 del artículo 17 de la LGT dispone lo siguiente:

«5. Los **elementos de la obligación tributaria no podrán ser alterados por actos o convenios de los particulares, que no producirán efectos ante la Administración**, sin perjuicio de sus consecuencias jurídico-privadas».

En este sentido, cabe traer a colación la **consulta vinculante de la Dirección General de Tributos (V2784-13) de 19 de septiembre de 2013**, que, para un supuesto análogo, señaló que «las prestaciones derivadas de los planes de pensiones tributan en el Impuesto sobre la Renta de las Personas Físicas exclusivamente en sede del beneficiario, que en el caso concreto planteado es el ex cónyuge de la consultante, como rendimientos del trabajo, y por el importe total percibido». En el mismo sentido se pronuncia también la más reciente **consulta vinculante de la DGT (V1435-23), de 25 de mayo de 2023**, que añade que lo anterior se entiende « (...) con independencia de cómo se haya realizado la disolución de la sociedad de gananciales y a quién se hayan adjudicado los mismos».

Por otra parte, conviene también destacar que, si la cantidad que el consultante satisface a su excónyuge con el abono de la mitad de la prestación derivada del plan de pensiones tiene la consideración de pensión compensatoria, el mismo podría tener derecho a practicar en su base imponible general la reducción establecida en el artículo 55 de la LIRPF, a cuyo tenor:

> «Las pensiones compensatorias a favor del cónyuge y las anualidades por alimentos, con excepción de las fijadas en favor de los hijos del contribuyente, satisfechas ambas por decisión judicial, podrán ser objeto de reducción en la base imponible.».

A tales efectos, la Dirección General de Tributos apunta lo siguiente en su **consulta vinculante de la DGT (V1435-23), de 25 de mayo de 2023**, ya mencionada:

> «Cabe citar a este respecto que la pensión compensatoria está definida en el artículo 97 del Código Civil, como la pensión a la que tiene derecho el cónyuge al que la separación o divorcio produzca desequilibrio económico en relación con la posición del otro, que implique un empeoramiento en su situación anterior en el matrimonio.
>
> Por el contrario, si la adjudicación del plan de pensiones se produce por causa distinta de la pensión compensatoria, no procederá aplicar la reducción del citado artículo 55».

Caso práctico | Exención en IP en caso de actividad económica desarrollada por una comunidad de bienes si un comunero cobra un plan de pensiones en el ejercicio

PLANTEAMIENTO

Una comunidad de bienes formada por tres hermanos desarrolla una determinada actividad económica. Desde el primer momento, todos vienen dedicándose al ejercicio de dicha actividad de manera directa, personal y habitual, constituyendo la misma su principal fuente de renta año tras año.

En 2025, uno de los hermanos percibió una prestación de un plan de pensiones contratado por su padre, como consecuencia del fallecimiento de este, que tributa como rendimiento del trabajo en su IRPF. El importe de esa prestación supera el 50 % del total de los rendimientos que obtuvo en el ejercicio.

El hermano beneficiario del plan de pensiones se pregunta:

- ¿Puede aplicar la exención en el Impuesto sobre el Patrimonio por los bienes y derechos afectos a la actividad de la comunidad de bienes?

- En caso de que no pueda aplicarla en el ejercicio 2025, ¿podría beneficiarse de la exención al año siguiente?

RESPUESTA

Al ejercerse la actividad económica a través de una comunidad de bienes, para que cada comunero pueda gozar de exención en el IP deberá cumplir individualmente los requisitos que exige el artículo 4.Ocho.Uno de la LIP. Así las cosas, el hermano que cobra la prestación del plan de pensiones no podrá aplicar la exención en el ejercicio 2025 (pues, aunque ejerce la actividad de forma personal, habitual y directa, la misma no constituye su principal fuente de renta). Sin embargo, para el siguiente ejercicio, si la actividad de la comunidad de bienes vuelve a constituir su principal fuente de renta y se dan los demás requisitos necesarios para la exención, sí podría aplicarla.

Cuando la actividad económica se ejerce a través de una comunidad de bienes, se entiende que es cada uno de los comuneros el que desarrolla la actividad, por lo que para disfrutar de la exención en IP será necesario que cada uno de los partícipes, individualmente considerado, cumpla los requisitos relativos al ejercicio de la actividad de forma habitual, personal y directa, y al hecho de que la misma constituya su principal fuente de renta. En este sentido, el apartado Ocho.Uno del artículo 4 de la LIP configura la exención del siguiente modo:

> «Estarán exentos de este Impuesto:
> (...)
> Ocho.
> Uno. Los bienes y derechos de las personas físicas necesarios para el desarrollo de su actividad empresarial o profesional, siempre que ésta se ejerza de forma habitual, personal y directa por el sujeto pasivo y constituya su principal fuente de renta. A efectos del cálculo de la principal fuente de renta, no se computarán ni las remuneraciones de las funciones de dirección que se ejerzan en las entidades a que se refiere el número dos de este apartado, ni cualesquiera otras remuneraciones que traigan su causa de la participación en dichas entidades.
> También estarán exentos los bienes y derechos comunes a ambos miembros del matrimonio, cuando se utilicen en el desarrollo de la actividad empresarial o profesional de cualquiera de los cónyuges, siempre que se cumplan los requisitos del párrafo anterior».

Por su parte, el apartado 1 del artículo 3 del RIP concreta los requisitos de la exención en caso de actividades empresariales y profesionales, estableciendo:

> «1. La exención tan sólo será de aplicación por el sujeto pasivo que ejerza la actividad de forma habitual, personal y directa, conforme a la normativa del Impuesto sobre la Renta de las Personas Físicas, teniendo en cuenta las reglas que sobre titularidad de los elementos patrimoniales se establecen en el artículo 7 de la Ley del Impuesto sobre el Patrimonio, siempre que dicha actividad constituya su principal fuente de renta. La exención será igualmente aplicable por el cónyuge del sujeto pasivo cuando se trate de elementos comunes afectos a una actividad económica desarrollada por éste.
> A estos efectos, se entenderá por principal fuente de renta aquélla en la que al menos el 50 por 100 del importe de la base imponible del Impuesto sobre la Renta de las Personas Físicas provenga de rendimientos netos de las actividades económicas de que se trate. Para determinar la concurrencia de ese porcentaje, no se computarán, siempre que se cumplan las condiciones exigidas por los párrafos a), b) y c) del apartado 1 del artículo 5, todas aquellas remuneraciones que traigan causa de la participación del sujeto pasivo en las entidades a que se refiere el artículo 4 del presente Real Decreto».

Así las cosas, además del ejercicio de la actividad de manera habitual, personal y directa; para que cada comunero pueda aplicarse la exención sería necesario que esa actividad constituya su principal fuente de renta. Es decir, se exige que al menos el 50 % del importe de la base imponible del IRPF del interesado provenga de rendimientos netos de las actividades económicas de que se trate. Un requisito que, a la vista del enunciado, el hermano que cobra la prestación del plan de pensiones no cumpliría en el ejercicio 2025.

A pesar de ello, conviene tener en cuenta que la posibilidad de exención en el IP se determina ejercicio a ejercicio. Por lo tanto, aunque el contribuyente no pueda aplicarla en 2025, sí podría disfrutar de ella al año siguiente, siempre que se cumplan los requisitos pertinentes (en particular, en este caso, sería necesario que la actividad económica desarrollada por la comunidad de bienes volviera a constituir la principal fuente de renta del contribuyente).

Caso práctico | Límites reducción IRPF por aportaciones a plan de pensiones de persona con discapacidad concurriendo aportaciones propias y de un progenitor

PLANTEAMIENTO

Lorena, con una discapacidad física del 68 %, tiene constituido a su favor un plan de pensiones ajustado al régimen financiero de la disposición adicional cuarta de la LPFP.

A lo largo de 2025, Lorena y su madre realizaron las siguientes aportaciones a dicho plan de pensiones:

- Lorena aportó la cantidad de 19.000 euros.
- Su madre aportó 7.000 euros.

¿Qué reducción en IRPF por aportaciones a planes de pensiones de personas con discapacidad podrán aplicarse Lorena y su madre en sus declaraciones individuales?

RESPUESTA

Entendiendo que se cumplen los requisitos para ello, Lorena y su madre podrán aplicarse la reducción que establece el artículo 53 de la LIRPF, con los límites máximos que de ese precepto resultan. En principio, parece que en la declaración de la renta del ejercicio 2025 Lorena podría aplicarse una reducción de 19.000 euros y su progenitora una de 5.250 euros.

El artículo 53 de la LIRPF regula las reducciones por aportaciones y contribuciones a sistemas de previsión social constituidos a favor de personas con discapacidad y establece:

«1. Las aportaciones realizadas a **planes de pensiones a favor de personas con discapacidad con un grado de minusvalía física o sensorial igual o superior al 65 por ciento**, psíquica igual o superior al 33 por 100, así como de personas que tengan una incapacidad declarada judicialmente con independencia de su grado, de acuerdo con lo previsto en la disposición adicional décima de esta Ley, podrán ser objeto de reducción en la base imponible con los siguientes límites máximos:

a) Las **aportaciones anuales realizadas a planes de pensiones a favor de personas con discapacidad con las que exista relación de parentesco** o tutoría, con el **límite de 10.000 euros anuales**.

Ello sin perjuicio de las aportaciones que puedan realizar a sus propios planes de pensiones, de acuerdo con los límites establecidos en el artículo 52 de esta ley.

b) Las **aportaciones anuales realizadas por las personas con discapacidad partícipes**, con el **límite de 24.250 euros anuales**.

El **conjunto** de las reducciones practicadas por todas las personas que realicen aportaciones a favor de una misma persona con discapacidad, incluidas las de la propia persona con discapacidad, **no podrá exceder de 24.250 euros anuales**. A estos efectos, cuando concurran varias aportaciones a favor de la persona con discapacidad, **habrán de ser objeto de reducción, en primer lugar, las aportaciones realizadas por la propia persona con discapacidad, y sólo si las mismas no alcanzaran el límite de 24.250 euros señalado, podrán ser objeto de reducción las aportaciones realizadas por otras personas a su favor** en la base imponible de éstas, de forma proporcional, sin que, en ningún caso, el conjunto de las reducciones practicadas por todas las personas que realizan aportaciones a favor de una misma persona con discapacidad pueda exceder de 24.250 euros.

c) Las aportaciones que no hubieran podido ser objeto de reducción en la base imponible por insuficiencia de la misma podrán reducirse en los cinco ejercicios siguientes. Esta regla no resultará de aplicación a las aportaciones y contribuciones que excedan de los límites previstos en este apartado 1

(...)».

Por lo tanto, cada una podrá reducirse las siguientes cantidades:

a) **Lorena**

- Aportación realizada: 19.000 euros.
- Límite máximo de reducción: 24.250 euros.
- Reducción que podrá aplicar en el ejercicio 2025: **19.000 euros**.

b) **Su madre**

- Aportación realizada: 7.000 euros.
- Límite máximo de reducción conforme al artículo 53 de la LIRPF:

  El conjunto de las reducciones practicadas por todas las personas que realicen aportaciones a favor de una misma persona con discapacidad, incluidas las de la propia persona con discapacidad, no podrá exceder de 24.250 euros anuales.

  En este supuesto, concurren varias aportaciones a favor de la persona con discapacidad, así que deberán ser objeto de reducción por el siguiente orden: en primer lugar, las aportaciones realizadas por la propia persona con discapacidad; y, solo si las mismas no alcanzan el límite de 24.250 euros, podrán ser objeto de reducción las aportaciones que otras personas hubieran realizado a su favor, de forma proporcional.

Es decir, a la hora de aplicar las reducciones tiene prioridad la persona con discapacidad (Lorena) y, como sus aportaciones fueron de 19.000 euros, su madre solo podrá aplicarse la reducción por el exceso hasta 24.250 euros (límite máximo conjunto). De modo que el límite máximo de la reducción que se podrá aplicar la madre será: 24.250 - 19.000 = 5.250 euros anuales.

- Reducción que podrá aplicar en el ejercicio 2025: **5.250 euros.**

Caso práctico | Aplicación de la reducción del 40 % en IRPF en varios rescates parciales de un mismo plan de pensiones

PLANTEAMIENTO

Luis, de 66 años, se jubila en el Régimen General de la Seguridad Social el 15 de septiembre de 2026. Es partícipe desde el año 2000 de un único plan de pensiones individual, en el que realizó aportaciones periódicas hasta 2019.

De acuerdo con la información facilitada por su entidad gestora, el capital total acumulado en el momento de la jubilación asciende a 240.000 euros, de los que 150.000 euros se corresponden con aportaciones anteriores al 31 de diciembre de 2006 y sus rendimientos, y 90.000 euros con aportaciones posteriores.

Con el fin de optimizar su tributación en el IRPF y evitar concentrar excesivos rendimientos del trabajo en un único ejercicio, Luis se plantea el siguiente calendario de rescates del plan de pensiones, todos ellos motivados por la misma contingencia de jubilación:

- En 2026: rescatar en forma de capital 80.000 euros.

- En 2027: rescatar en forma de capital otros 70.000 euros.

- En 2028: rescatar en forma de capital los 90.000 euros restantes.

Todos los rescates se realizarían en forma de capital, sin combinar con rentas financieras periódicas. Luis desea aplicar la reducción del 40 % prevista en la disposición transitoria duodécima de la LIRPF sobre la parte del capital que corresponde a aportaciones anteriores a 31 de diciembre de 2006.

Su duda concreta es si puede aplicar dicha reducción del 40 % en varios de los rescates parciales (por ejemplo, en el primer rescate de 2026 y también en el rescate de 2027), siempre que se mantenga dentro del plazo temporal fijado por la normativa (ejercicio de la contingencia y los dos siguientes), o si, por el contrario, solo puede disfrutar de la reducción del 40 % una única vez respecto a ese plan de pensiones por la contingencia de jubilación.

¿Puede Luis aplicar la reducción del 40 % en varios rescates parciales de un mismo plan de pensiones, efectuados en distintos ejercicios fiscales, todos ellos motivados por la misma contingencia de jubilación?

RESPUESTA

No. La reducción del 40 % solo puede aplicarse una única vez por cada plan de pensiones y por cada contingencia (en este caso, la jubilación), aunque el rescate se materialice en varios cobros parciales en forma de capital y dentro del plazo temporal previsto. El contribuyente deberá elegir a cuál de los rescates en forma de capital aplica la reducción del 40 %, pero no podrá disfrutarla de nuevo en otros rescates posteriores del mismo plan por la misma contingencia.

1. Fundamentación normativa

- **Artículo 17.2.a) 3.ª de la LIRPF**: califica las prestaciones percibidas de planes de pensiones como rendimientos del trabajo, integrándose en la base imponible general.

- **Disposición transitoria duodécima de la LIRPF**: establece el régimen transitorio aplicable a las prestaciones derivadas de planes de pensiones por la parte correspondiente a aportaciones realizadas hasta el 31 de diciembre de 2006, permitiendo aplicar la reducción prevista en el régimen anterior. Tras la reforma llevada a cabo por la Ley 26/2014, de 27 de noviembre, en vigor desde el 1 de enero de 2015, se limita el plazo temporal para poder aplicar la reducción del 40 % a las aportaciones anteriores a 31-12-2006:

  – En general, solo a prestaciones percibidas en el ejercicio en que se produce la contingencia (jubilación) o en los dos siguientes.

  – Regímenes especiales para contingencias acaecidas antes de 2015 (no aplicables al caso, pero relevantes para el cómputo en otros supuestos).

- **El derogado artículo 17.2.b) del texto refundido de la Ley del IRPF, aprobado por el RDL 3/2004, de 5 marzo,** (vigente a 31-12-2006): contemplaba la reducción del 40 % para determinadas prestaciones percibidas en forma de capital:

  – Reducción del 40 % sobre las prestaciones de los sistemas de previsión social (entre ellas, planes de pensiones) percibidas en forma de capital.

  – Exigencia de que hubieran transcurrido más de dos años desde la primera aportación (salvo invalidez).

2. Criterio de la Dirección General de Tributos

La **consulta vinculante de la Dirección General de Tributos (V1546-25), de 27 de agosto de 2025**, analiza precisamente dos cuestiones:

- Aplicación de la reducción del 40 % cuando el contribuyente es titular de varios planes de pensiones por la misma contingencia.

- Posibilidad de aplicar la reducción del 40 % en **varios rescates parciales de un mismo plan de pensiones en ejercicios distintos**, todos ellos por la misma contingencia.

En lo que interesa al caso, la DGT concluye expresamente que:

- El tratamiento de las prestaciones en forma de capital derivadas de planes de pensiones se refiere a las prestaciones percibidas **respecto de una misma contingencia**.

- Cuando se realizan **varios rescates parciales** de un mismo plan por la misma contingencia (jubilación), el contribuyente **solo puede aplicar la reducción del 40 % a una de esas prestaciones**.

- El contribuyente puede **elegir el período impositivo** en que aplica la reducción del 40 %, siempre dentro del plazo fijado en la **DT 12.ª de la LIRPF** (ejercicio en que acaece la contingencia y los dos siguientes, o los plazos especiales si proceden).

La contestación de la DGT señala literalmente que, en tal supuesto, el consultante «(...) solamente podría aplicarse la reducción del 40 por 100 a una de ellas (...)», si bien «(...) podría elegir el periodo impositivo en el que aplicar la reducción a la prestación percibida en forma de capital, siempre dentro del plazo señalado en la disposición transitoria duodécima de la LIRPF (...)».

3. Aplicación práctica al caso planteado

En el caso de Luis concurren los siguientes elementos relevantes:

- Existe **un único plan de pensiones** del que es partícipe.

- La **contingencia de jubilación** acaece en 2026, fecha de acceso a la jubilación en la Seguridad Social.

- Dispone de un importe asociado a aportaciones anteriores a 31-12-2006 (150.000 euros), susceptible de acogerse a la reducción del 40 %, siempre que:

  - La prestación se perciba en forma de capital.

  - Hayan transcurrido más de dos años desde la primera aportación (condición que se cumple, al aportar desde 2000).

  - La percepción tenga lugar en 2026, 2027 o 2028 (ejercicio de la contingencia y los dos siguientes), en atención a la D.T. 12.4 de la LIRPF.

- Todos los rescates se producirían por la **misma contingencia** (jubilación) y en forma de capital.

En virtud del criterio seguido por Tributos en la mentada resolución:

- La **reducción del 40 %** solo puede aplicarse **una vez respecto de ese plan y esa contingencia**.

- Si Luis rescata en forma de capital 80.000 euros en 2026, 70.000 euros en 2027 y 90.000 euros en 2028, **solo uno de**

esos rescates parciales podrá beneficiarse de la reducción del 40 % sobre la parte atribuible a aportaciones anteriores a 31-12-2006.

- Los demás rescates en forma de capital del mismo plan y por la misma contingencia se integrarán en la base general del IRPF **sin reducción del 40 %**, aunque se realicen dentro del mismo plazo de tres ejercicios.

Por tanto, Luis deberá planificar cuál de los rescates parciales (el de 2026, el de 2027 o el de 2028) le resulta **más conveniente** para aplicar la reducción del 40 %, en función del resto de sus rentas y tipo marginal de cada ejercicio, procurando concentrar en dicho rescate el mayor volumen posible de derechos consolidados correspondientes a aportaciones anteriores al 1 de enero de 2007.

4. Diferencia con el supuesto de varios planes de pensiones

Conviene distinguir este supuesto del caso en que el contribuyente es titular de **varios planes de pensiones**:

- La DGT admite que, si hay **varios planes**, el contribuyente pueda aplicar la reducción del 40 % a la prestación en forma de capital de **cada plan**, siempre que se cumplan los requisitos y dentro del plazo de la D.T. 12.ª LIRPF. Véase, por ejemplo, la **consulta vinculante de la DGT (V1868-25), de 14 de octubre de 2025**, en la que se afirma que: «En el caso de prestaciones que deriven de varios planes de pensiones, la reducción podrá aplicarse a la prestación que se perciba en forma de capital por cada plan, en los términos señalados en la disposición transitoria duodécima de la LIRPF, dentro del plazo previsto en la misma, y no solamente en un ejercicio, y por la parte que corresponda a las aportaciones realizadas hasta el 31 de diciembre de 2006».

- Es decir, la limitación es **por plan y por contingencia**, no global para todos los planes de un mismo contribuyente.

En el caso de Luis, al tratarse de un **solo plan**, la reducción del 40 % será aplicable solo a una **única prestación en forma de capital** derivada de ese plan y motivada por la contingencia de jubilación, con independencia de que el rescate se fraccione en varios ejercicios.

5. Conclusión

En el caso planteado, Luis **no puede aplicar la reducción del 40 % en varios rescates parciales** de su plan de pensiones efectuados en distintos años por la misma contingencia de jubilación. Únicamente podrá disfrutar de esa reducción del 40 % una sola vez, sobre la prestación en forma de capital que elija, dentro del plazo de aplicación previsto en la disposición transitoria duodécima de la LIRPF. El resto de rescates parciales en forma de capital del mismo plan y por la misma contingencia tributarán en el IRPF como rendimientos del trabajo sin reducción.

Caso práctico | Tributación en IRPF de aportaciones a plan de pensiones cuyo beneficiario es el cónyuge

PLANTEAMIENTO

Jose realiza aportaciones a un plan de pensiones cuyo titular es su cónyuge. Durante el mismo año en el que se realizan las aportaciones el cónyuge efectuará el rescate de su plan de pensiones por un importe superior a 8.000 euros. ¿Puede reducirse la base imponible el contribuyente que realiza aportaciones a un plan de pensiones cuyo titular es su cónyuge?

RESPUESTA

No, ya que, si no se cumplen los requisitos previstos en el apartado 7 del artículo 51 de la LIRPF respecto al límite de rentas obtenidas por la cónyuge, el consultante no podrá reducir su base imponible por las aportaciones realizadas al plan de pensiones de su cónyuge.

1. Consideración como rendimientos del trabajo

Las contribuciones satisfechas a un plan de pensiones de empleo tienen, a efectos del IRPF, la consideración de rendimientos del trabajo y deben ser objeto de integración en la base imponible general del IRPF.

Así se desprende del **artículo 17.2 a) 3.ª de la LIRPF**, que configura como rendimientos del trabajo las aportaciones y contribuciones a sistemas de previsión social.

La Dirección General de Tributos, en la **consulta vinculante (V1558-25), de 3 de septiembre de 2025**, señala que: «(...) las prestaciones de planes de pensiones se consideran, en todo caso, rendimientos del trabajo, y deben ser objeto de integración en la base imponible general del Impuesto sobre la Renta de las Personas Físicas del perceptor».

2. Determinación del sujeto que se beneficia del plan

El artículo 51 de la LIRPF permite reducir la base imponible general por las aportaciones y contribuciones a planes de pensiones de los que sea partícipe, mutualista o titular el cónyuge, con el máximo de 1.000 euros, y siempre que el mentado cónyuge no obtenga rendimientos netos del trabajo ni de actividades económicas que superen los 8.000 euros anuales.

3. Tributación: posibilidad de reducción en la base imponible

De acuerdo con lo expuesto, Tributos concluye que:

«(...) [el] cónyuge percibirá rendimientos del trabajo superiores a 8.000 euros anuales en el mismo año en el que consultante

pretender reducir las aportaciones al plan de pensiones del que es titular su cónyuge. De lo anterior se desprende que, en el caso planteado, si no se cumplen los requisitos previstos en el referido artículo 51.7 respecto al límite de rentas obtenidas por la cónyuge, el consultante no podrá reducir su base imponible en las aportaciones realizadas al plan de pensiones de su cónyuge».

Es decir, si en el ejercicio en el que el contribuyente pretende reducir las aportaciones, el cónyuge lo hace efectivo, superará los 8.000 euros anuales y, por tanto, no podría aplicarse la reducción.

Caso práctico | Tratamiento fiscal de aportaciones a planes de previsión social empresarial

PLANTEAMIENTO

La entidad X ha instrumentado a favor de sus trabajadores un plan de previsión social empresarial. Se plantea la forma de tributación de las aportaciones y contribuciones al sistema de previsión social y si debe practicar retenciones e ingresos a cuenta del Impuesto sobre la Renta de las Personas Físicas.

RESPUESTA

Las contribuciones al sistema previsión social que efectúe el empresario tendrán la consideración de rendimientos íntegros de trabajo para el trabajador y podrán ser objeto de reducción de la base imponible general del IRPF del partícipe de acuerdo con los artículos. La entidad no estará obligada a realizar retenciones e ingresos a cuenta del IRPF respecto a las contribuciones satisfechas al plan. En este sentido se ha manifestado la DGT en la consulta vinculante (V1717-25), de 23 de septiembre de 2025.

Tan solo existe la obligación de realizar la declaración anual informativa de los planes de previsión social por medio del modelo 345. Esta obligación debe cumplirla la entidad aseguradora que haya formalizado el plan de previsión social empresarial.

1. Posible reducción de la base imponible de las aportaciones y contribuciones al plan

El apartado 4 del artículo 51 de la LIRPF establece que podrán reducirse en la base imponible general:

> «Las aportaciones realizadas por los trabajadores a los planes de previsión social empresarial regulados en la disposición adicional primera del texto refundido de la Ley de Regulación de los Planes y Fondos de Pensiones, incluyendo las contribuciones del tomador. En todo caso los planes de previsión social empresarial deberán cumplir los siguientes requisitos:
>
> a) Serán de aplicación a este tipo de contratos de seguro los principios de no discriminación, capitalización, irrevocabilidad de aportaciones y atribución de derechos establecidos en el número 1 del artículo 5 del Texto Refundido de la Ley de Regulación de los Planes y Fondos de Pensiones, aprobado por Real Decreto Legislativo 1/2002, de 29 de noviembre.
>
> b) La póliza dispondrá las primas que, en cumplimiento del plan de previsión social, deberá satisfacer el tomador, las cuales serán objeto de imputación a los asegurados.

c) En el condicionado de la póliza se hará constar de forma expresa y destacada que se trata de un plan de previsión social empresarial. La denominación Plan de Previsión Social Empresarial y sus siglas quedan reservadas a los contratos de seguro que cumplan los requisitos previstos en esta Ley.

d) Reglamentariamente se establecerán los requisitos y condiciones para la movilización de la provisión matemática a otro plan de previsión social empresarial.

e) Lo dispuesto en las letras b) y c) del apartado 3 anterior.

En los aspectos no específicamente regulados en los párrafos anteriores y sus normas de desarrollo, resultará de aplicación lo dispuesto en el último párrafo del apartado 3 anterior».

Para la aplicación de esta reducción debe tenerse en cuenta los límites que establece el apartado 1 del artículo 52 de la LIRPF que señala:

«Como límite máximo conjunto para las reducciones previstas en los apartados 1, 2, 3, 4 y 5 del artículo 51 de esta ley, se aplicará la menor de las cantidades siguientes:

a) El 30 por 100 de la suma de los rendimientos netos del trabajo y de actividades económicas percibidos individualmente en el ejercicio.

b) 1.500 euros anuales».

Este límite se incrementará en 8.500 euros anuales, siempre que tal incremento provenga de contribuciones empresariales, o de aportaciones del trabajador al mismo instrumento de previsión social por importe igual o inferior a las siguientes cantidades que resulten en función del importe anual de la contribución empresarial:

- Aportación empresarial igual o inferior a 500 euros: el resultado de multiplicar la contribución empresarial por 2,5.

- Aportación empresarial entre 500,01 y 1.500 euros: 1.250 euros, más el resultado de multiplicar por 0,25 la diferencia entre la contribución empresarial y 500 euros.

- Aportación empresarial de más de 1.500 euros: el resultado de multiplicar la contribución empresarial por 1. Este multiplicador se aplicará en todo caso cuando el trabajador obtenga en el ejercicio rendimientos íntegros de trabajo superiores a 60.000 euros procedentes de la empresa que realiza la contribución.

2. Aplicación del multiplicador 1

Para determinar los rendimientos íntegros de trabajo a que se refiere el apartado 1. 1.º del artículo 52 de la LIRPF, debemos acudir al apartado 1 del artículo 17 de la LIRPF que señala:

«Se considerarán rendimientos íntegros del trabajo todas las contraprestaciones o utilidades, cualquiera que sea su denominación o naturaleza, dinerarias o en especie, que deriven, directa o indirectamente, del trabajo personal o de la relación laboral o estatutaria y no tengan el carácter de rendimientos de actividades económicas

(...)

f) Las contribuciones o aportaciones satisfechas por los empresarios para hacer frente a los compromisos por pensiones en los términos previstos por la disposición adicional primera del texto refundido de la Ley de regulación de los planes y fondos de pensiones, y en su normativa de desarrollo, cuando aquellas sean imputadas a las personas a quienes se vinculen las prestaciones (...)».

Con relación a la determinación de los rendimientos íntegros de trabajo, a los efectos de aplicación del multiplicador 1, percibidos por el trabajador en caso de que se hubieran realizado contribuciones por distintos empleadores, para determinar la aportación máxima del trabajador, habría que considerar los rendimientos íntegros del trabajo que procedan de cada empleador que efectúe contribuciones. Por tanto, la determinación del multiplicador debe efectuarse considerando los rendimientos procedentes de los distintos empleadores de manera individual **[consulta vinculante de la DGT (V0238-24), de 29 de febrero de 2024]**.

Por otra parte, debe tenerse en cuenta el artículo 6.1.a) del Reglamento de planes y fondos de pensiones el cual en su regulación de las limitaciones a las aportaciones anuales señala:

«El total de las aportaciones de los partícipes y contribuciones empresariales anuales máximas a los planes de pensiones no podrá exceder, para cada partícipe, de los límites establecidos en el artículo 5.3.a) del texto refundido de la ley de Regulación de los Planes y Fondos de Pensiones o en disposición con rango de ley que modifique dichos límites.

En el momento en el que se realice la primera contribución del ejercicio, los promotores de los planes de pensiones de empleo deberán informar a la entidad gestora de los partícipes con rendimientos íntegros del trabajo iguales o inferiores a 60.000 euros.

Si con posterioridad, hubiera partícipes que hubieran modificado su situación en relación con el límite anterior de rendimientos íntegros del trabajo, los citados promotores deberán comunicar a la entidad gestora esta nueva circunstancia (...)».

3. Obligación de retener y practicar ingresos a cuenta del IRPF

Para determinar que el empresario en el caso no debe realizar retenciones ni ingresos a cuenta debemos acudir al apartado 2 del artículo 102 del RIRPF:

«No existirá obligación de efectuar ingresos a cuenta respecto a las contribuciones satisfechas por los promotores de planes de pensiones, de planes de previsión social empresarial y de mutualidades de previsión social que reduzcan la base imponible».

Asimismo, la Orden EHA/3127/2009, de 10 de noviembre, por la que se aprueba el modelo 190 para la declaración del resumen anual de retenciones e ingresos a cuenta del IRPF, establece en su anexo:

«Por excepción, no se incluirán en el modelo 190 las retribuciones del trabajo en especie respecto de las cuales no exista obligación de efectuar ingresos a cuenta conforme a lo previsto en el artículo 102.2 del Reglamento del Impuesto (contribuciones satisfechas por los promotores de Planes de Pensiones y de Mutualidades de Previsión Social y de los Planes de Previsión Social Empresarial, así como las aportaciones a dichos Sistemas de Previsión Social que deriven de una decisión del trabajador, que reduzcan la base imponible), sin perjuicio de la obligación de declarar los datos relativos a dichos conceptos en el modelo 345».

4. Obligación de presentar el modelo 345

El artículo 53 del RGAT establece la obligación de presentar una declaración anual de las entidades aseguradoras que formalicen planes de previsión social empresarial, que incluirán individualmente los asegurados y el importe de las aportaciones a los mismos, ya sean efectuadas directamente por ellos o por los tomadores de los citados planes.

Esta declaración se realiza por medio del modelo 345 regulado en la Orden HFP/823/2022, de 24 de agosto. Teniendo en cuenta el artículo 2 de la citada Orden y el artículo 53 del RGAT, debemos señalar que será la entidad aseguradora que haya formalizado el plan de previsión social empresarial la obligada a presentar la declaración anual y no la empresa que haya instrumentado sus compromisos por pensiones a través de dicho plan.

Caso práctico | Aportaciones y rescate parcial en plan de pensiones a favor de persona con discapacidad

PLANTEAMIENTO

Un contribuyente ha venido realizando aportaciones a un plan de pensiones constituido a favor de su hija, que tiene reconocido un grado de discapacidad del 99 %, cumpliéndose los requisitos para aplicar el régimen financiero especial de planes de pensiones a favor de personas con discapacidad (disposición adicional cuarta del texto refundido de la Ley de Regulación de los Planes y Fondos de Pensiones y arts. 12 a 15 del Reglamento de planes y fondos de pensiones).

En los ejercicios anteriores, el padre ha reducido en su base imponible general del IRPF las aportaciones efectuadas, dentro de los límites del artículo 53 de la Ley 35/2006, del IRPF, y de la disposición adicional décima de la misma ley.

En el año 2025, el padre y la entidad gestora acuerdan un rescate parcial del plan de pensiones, a favor de la hija con discapacidad, derivado de una de las contingencias previstas en el régimen especial (por ejemplo, jubilación o dependencia), percibiendo la beneficiaria una parte de los derechos consolidados en forma de renta, manteniéndose el resto del derecho consolidado en el plan.

Tras ese rescate parcial, el padre desea seguir realizando aportaciones al mismo plan de pensiones a favor de su hija en años sucesivos, y plantea las siguientes dudas:

- ¿Es posible, tras haberse producido un rescate parcial del plan de pensiones a favor de la hija con discapacidad, seguir efectuando nuevas aportaciones al mismo plan sin infringir la incompatibilidad entre aportaciones y prestaciones establecida reglamentariamente?

- En caso de poder realizarse nuevas aportaciones, ¿podrá el padre seguir aplicando la reducción en la base imponible general del IRPF prevista en el artículo 53 de la LIRPF por las aportaciones que efectúe a favor de su hija con discapacidad?

- ¿Qué tratamiento fiscal tienen las prestaciones que perciba la hija con discapacidad en forma de renta, en particular en relación con la exención prevista en el artículo 7.w) de la LIRPF?

RESPUESTA

1. Es posible seguir efectuando aportaciones al plan tras el rescate parcial, siempre que se respete la incompatibilidad

entre aportaciones y prestaciones por la misma contingencia (art. 11 del RPFP) y las nuevas aportaciones se destinen, en su caso, a contingencias distintas (por ejemplo, fallecimiento y/o dependencia).

2. Si el plan continúa cumpliendo el régimen financiero especial para personas con discapacidad, las nuevas aportaciones del padre a favor de su hija podrán seguir reduciéndose en su base imponible general conforme al artículo 53 de la LIRPF y disposición adicional décima de la LIRPF, dentro de los límites cuantitativos indicados.

3. Las prestaciones que la hija con discapacidad reciba en forma de renta, derivadas de esas aportaciones especiales, podrán gozar de la exención del artículo 7.w) de la LIRPF hasta el importe anual de tres veces el IPREM, tributando el exceso como rendimiento del trabajo en su IRPF.

Analizaremos estas respuestas de forma más detallada:

1. Posibilidad de seguir aportando al plan tras un rescate parcial

Sí, es posible seguir realizando aportaciones al plan de pensiones constituido a favor de la persona con discapacidad después de haberse producido un rescate parcial, siempre que se respete el régimen financiero especial aplicable a estos planes y, en particular, la regla de incompatibilidad entre aportaciones y prestaciones por la **misma contingencia** establecida en el artículo 11 del Reglamento de planes y fondos de pensiones, aprobado por el Real Decreto 304/2004, de 20 de febrero (RPFP).

El apartado 1 del artículo 11 del RPFP dispone, con carácter general, que:

«No se podrá simultanear la condición de partícipe y la de beneficiario por una misma contingencia en un plan de pensiones (...), siendo incompatible la realización de aportaciones y el cobro de prestaciones por la misma contingencia simultáneamente».

Aplicado al caso:

- Si la hija con discapacidad está percibiendo prestaciones por una determinada contingencia (por ejemplo, jubilación) y siguen abonándose esas prestaciones, no podrán realizarse aportaciones destinadas a cubrir esa misma contingencia mientras se mantenga el cobro.

- No obstante, el propio art. 11 del RPFP permite que, una vez iniciada la prestación de jubilación, se puedan seguir realizando aportaciones, si bien **únicamente destinadas a las contingencias de fallecimiento y dependencia**. Es decir, podrán efectuarse aportaciones siempre que su cobertura se limite a otras contingencias distintas de aquella por la que se está percibiendo la prestación.

2. Reducción en la base imponible del IRPF por las nuevas aportaciones

Sí, siempre que el plan mantenga y respete el **régimen financiero especial para personas con discapacidad** y las nuevas aportaciones se ajusten a ese régimen, el progenitor podrá seguir aplicando la reducción en la base imponible general del IRPF prevista en el artículo 53 de la LIRPF por las aportaciones realizadas a favor de su hija con discapacidad.

El artículo 53 de la LIRPF señala que las aportaciones a planes de pensiones a favor de personas con discapacidad con un grado de minusvalía física o sensorial igual o superior al 65 por ciento, psíquica igual o superior al 33 por 100, así como de personas que tengan una incapacidad declarada judicialmente con independencia de su grado, de acuerdo con lo previsto en la disposición adicional décima de esta ley, podrán ser objeto de reducción en la base imponible con los siguientes límites máximos:

- **10.000 euros anuales:** aportaciones realizadas a favor de personas con discapacidad con las que exista relación de parentesco o tutoría (en el caso analizado límite aplicable al padre).

- **24.250 euros anuales:** aportaciones realizadas por las personas con discapacidad partícipes.

En caso de que sean varias las personas que realicen aportaciones al plan de pensiones a favor de la persona con discapacidad, el conjunto de las reducciones practicadas por todas las personas, incluida la propia persona con discapacidad, no podrá exceder de 24.250 euros.

La **consulta vinculante de la Dirección General de Tributos (V0848-25), de 20 de mayo de 2025**, enfatiza que:

- La aplicación de este régimen fiscal especial está condicionada al **previo cumplimiento del régimen financiero especial** (D.A. 4.ª del TRLRPFP y arts. 12 a 15 del RPFP).

- La opción por el régimen especial debe ser **previa a la realización de las aportaciones**: los derechos consolidados generados con aportaciones efectuadas bajo el régimen general nunca podrán acogerse al régimen especial para personas con discapacidad.

Por tanto, si el plan ha sido constituido y gestionado desde el inicio como plan de pensiones a favor de persona con discapacidad y las nuevas aportaciones respetan los límites y condiciones financieras específicas, el padre podrá seguir reduciendo en su base imponible general las aportaciones que realice a favor de su hija, dentro de los límites del artículo 53 de la LIRPF.

3. Tratamiento fiscal de las prestaciones percibidas por la hija con discapacidad

Conforme al apartado 2.a).3.ª del artículo 17 de la LIRPF, las prestaciones percibidas por los beneficiarios de planes de pensiones tienen, con carácter general, la consideración de **rendimientos del trabajo**.

Ahora bien, la letra w) del artículo 7 de la LIRPF establece una **exención específica** para los rendimientos del trabajo derivados de prestaciones obtenidas en forma de renta por personas con discapacidad, cuando dichas prestaciones procedan de aportaciones a las que se refiere el artículo 53 de la LIRPF, esto es, de sistemas de previsión social constituidos a favor de personas con discapacidad:

> «Estarán exentas las siguientes rentas:
> (...)
> Los rendimientos del trabajo derivados de las prestaciones obtenidas en forma de renta por las personas con discapacidad correspondientes a las aportaciones a las que se refiere el artículo 53 de esta Ley, hasta un importe máximo anual de **tres veces el indicador público de renta de efectos múltiples (...)**».

Consecuencias prácticas en el caso planteado:

- Las prestaciones que perciba la hija con discapacidad en forma de renta, en la medida en que procedan de aportaciones realizadas al plan de pensiones constituido a su favor conforme al régimen especial, estarán exentas hasta el límite anual de **tres veces el IPREM**.

- El eventual **exceso** sobre dicho límite tendrá la consideración de **rendimiento íntegro del trabajo**, integrándose en la base imponible general del IRPF de la hija.

- Si alguna parte de las prestaciones procediera de derechos consolidados generados bajo el **régimen general** de planes de pensiones (sin acogerse al régimen especial para discapacidad), dichas prestaciones **no podrían acogerse a la exención** del artículo 7.w) de la LIRPF y tributarían íntegramente como rendimientos del trabajo.

Caso práctico | ¿Puede aplicarse la exención del art. 7.w) de la LIRPF a planes generales de empleo si el beneficiario tiene discapacidad?

PLANTEAMIENTO

Un contribuyente tiene reconocido desde 1989 un grado de discapacidad del 71 %. Ha trabajado en una entidad bancaria desde 1998 hasta su jubilación el 30 de diciembre de 2025. Durante toda la relación laboral, la entidad ha realizado aportaciones a un plan de pensiones de empleo de régimen general (no constituido bajo el régimen especial de planes de pensiones a favor de personas con discapacidad). Tras su jubilación, el contribuyente pretende rescatar los derechos consolidados en forma de renta para complementar su pensión.

¿Puede aplicar la exención prevista en el artículo 7.w) de la LIRPF a las rentas percibidas del plan de pensiones de empleo, por el hecho de ser persona con discapacidad, hasta el límite de tres veces el IPREM anual?

RESPUESTA

No. Las prestaciones derivadas de un plan de pensiones de empleo de régimen general no pueden acogerse a la exención del artículo 7.w) de la LIRPF, aunque el beneficiario tenga reconocido un grado de discapacidad igual o superior al exigido por la norma.

1. Calificación de las prestaciones del plan de pensiones

Conforme al artículo 17.2.a) 3.ª de la LIRPF, las prestaciones percibidas por los beneficiarios de planes de pensiones tienen, en todo caso, la consideración de rendimientos del trabajo.

En ausencia de un régimen especial aplicable, las cantidades percibidas del plan de pensiones de empleo (en forma de renta o de capital) tributan íntegramente como rendimientos del trabajo en el período impositivo en que se perciben, sin exención específica por razón de la discapacidad del perceptor.

2. Alcance de la exención del artículo 7.w) de la LIRPF

El artículo 7 de la LIRPF en su letra w) declara exentos:

> «Los rendimientos del trabajo derivados de las prestaciones obtenidas en forma de renta por las personas con discapacidad correspondientes a las aportaciones a las que se refiere el artículo 53 de esta Ley, hasta un importe máximo anual de tres veces el indicador público de renta de efectos múltiples».

La propia remisión al artículo 53 de la LIRPF es determinante: la exención únicamente se aplica a prestaciones que deriven de **aportaciones realizadas a planes de pensiones constituidos a favor de personas con discapacidad**, encuadrados en el régimen especial previsto para estos sistemas de previsión social.

3. Requisito clave: plan de pensiones bajo régimen especial de discapacidad

El artículo 53 de la LIRPF y la disposición adicional décima de la misma ley regulan las especialidades de las aportaciones a sistemas de previsión social constituidos a favor de personas con discapacidad. Entre otras, se prevén:

- Posibilidad de que aporten tanto la propia persona con discapacidad como familiares y determinadas personas vinculadas.

- Límites de aportación específicos (24.250 euros anuales para la persona con discapacidad; 10.000 euros anuales para cada aportante a su favor, con límite conjunto de 24.250 euros).

Este régimen especial exige que el **plan esté formalmente constituido a favor de la persona con discapacidad**, cumpliendo los requisitos y límites fijados, y que las aportaciones se efectúen precisamente al amparo de dicho régimen.

4. Imposibilidad de reconducir un plan general al régimen especial con posterioridad

De acuerdo con el criterio de la **Dirección General de Tributos en la consulta vinculante (V1221-25), de 4 de julio de 2025**, la opción por el régimen especial de planes de pensiones constituidos a favor de personas con discapacidad debe producirse **antes** de la realización de las aportaciones. Los derechos consolidados procedentes de aportaciones efectuadas a un plan de pensiones bajo el régimen general no pueden, con carácter sobrevenido, acogerse al régimen especial previsto para personas con discapacidad.

Por tanto:

- El hecho de que el contribuyente tenga un **71 % de discapacidad** desde antes de las aportaciones no es suficiente por sí solo.

- Lo relevante es que el plan de pensiones esté **configurado y adscrito desde su origen al régimen especial de discapacidad** regulado en el artículo 53 y la disposición adicional décima de la LIRPF.

5. Aplicación al caso concreto

En el supuesto planteado:

- El contribuyente es persona con discapacidad (71 %) desde 1989.

- La entidad empleadora ha realizado aportaciones a un **plan de pensiones de empleo de régimen general**, no específico ni constituido bajo el régimen de discapacidad.

- Las prestaciones se pretenden percibir en forma de renta tras la jubilación.

Conforme al criterio de Tributos en la mentada consulta:

- Estas prestaciones tienen la naturaleza de **rendimientos del trabajo** (art. 17.2.a) 3.ª de la LIRPF).

- No cumplen el presupuesto objetivo del artículo 7.w) de la LIRPF, pues **no derivan de aportaciones a planes de pensiones a favor de personas con discapacidad**, sino de un plan de empleo sujeto al régimen general.

- En consecuencia, **no resulta aplicable la exención** de hasta tres veces el IPREM anual prevista para personas con discapacidad.

Por tanto, el rescate en forma de renta del plan de pensiones de empleo tributa íntegramente como rendimiento del trabajo en el IRPF del contribuyente en los ejercicios en que se perciban las rentas, sometido a la escala general y al sistema de retenciones, sin poder aplicar la exención específica del artículo 7.w) de la LIRPF.

Caso práctico | Tributación en el IRPF de las prestaciones del plan de pensiones embargadas judicialmente

PLANTEAMIENTO

Un contribuyente accede a la jubilación en 2025 y, como consecuencia de ello, comienza a percibir una prestación en forma de renta mensual procedente de un plan de pensiones que ha sido objeto de embargo judicial.

En la campaña de IRPF correspondiente al ejercicio 2025, el contribuyente plantea la siguiente duda: dado que las prestaciones del plan de pensiones han sido objeto de embargo, ¿debe tributar en el Impuesto sobre la Renta de las Personas Físicas por dichas prestaciones como rendimientos del trabajo?

RESPUESTA

Sí, debe tributar en el IRPF por la prestación del plan de pensiones como rendimiento del trabajo, integrando las cantidades en la base imponible general, sin perjuicio de que el abono se realice según dispone el mandamiento de embargo.

1. Calificación de la prestación del plan de pensiones en el IRPF

El apartado 2.a).3.ª del artículo 17 de la LIRPF, establece que, en todo caso, tienen la consideración de rendimientos del trabajo:

> «Las prestaciones percibidas por los beneficiarios de planes de pensiones y las percibidas de los planes de pensiones regulados en la Directiva (UE) 2016/2341 del Parlamento Europeo y del Consejo, de 14 de diciembre de 2016, relativa a las actividades y la supervisión de fondos de pensiones de empleo.
>
> Asimismo, las cantidades percibidas en los supuestos contemplados en el artículo 8.8 del texto refundido de la Ley de Regulación de los Planes y Fondos de Pensiones, aprobado por el Real Decreto Legislativo 1/2002, de 29 de noviembre, tendrán el mismo tratamiento fiscal que las prestaciones de los planes de pensiones».

De esta previsión se desprende que **toda prestación que derive de un plan de pensiones constituye, en todo caso, rendimiento del trabajo** para su beneficiario y debe integrarse en la base imponible general del impuesto.

La **consulta vinculante de la Dirección General de Tributos (V0555-25), de 31 de marzo de 2025,** parte de este mismo precepto para afirmar que **las prestaciones del plan de pensiones se consideran rendimientos del trabajo del beneficiario y han de integrarse en su IRPF.**

2. Régimen de embargo de los derechos consolidados y de las prestaciones

En relación con la posibilidad de embargo, el artículo 8 de la Ley de Regulación de los Planes y Fondos de Pensiones, aprobado por Real Decreto Legislativo 1/2002, de 29 de noviembre (TRLRPFP), dispone:

- **Apartado 8 del artículo 8 del TRLRPFP**: los derechos consolidados del partícipe en un plan de pensiones **no pueden ser objeto de embargo**, traba judicial o administrativa, **hasta que se cause el derecho a la prestación** o sean disponibles en los supuestos legalmente previstos (enfermedad grave, desempleo de larga duración o aportaciones con al menos diez años de antigüedad).

- **Apartado 10 del artículo 8 del TRLRPFP**: las prestaciones de los planes de pensiones han de ser abonadas al beneficiario o a los beneficiarios previstos o designados, **salvo que medie embargo o traba**, en cuyo caso «se estará a lo que disponga el mandamiento correspondiente».

El artículo 22.7 del Reglamento de planes y fondos de pensiones, aprobado por Real Decreto 304/2004, de 20 de febrero (RPFP), reitera que los derechos consolidados del partícipe no podrán ser objeto de embargo hasta que se cause el derecho a la prestación o puedan ser efectivos conforme al art. 9 del RPFP. Y añade que, producidas tales circunstancias, la entidad gestora ordenará el traspaso de los fondos correspondientes a las prestaciones o derechos consolidados a quien proceda, en cumplimiento de la orden de embargo.

En síntesis, el embargo no recae sobre los derechos consolidados mientras estos no sean líquidos o disponibles, pero **sí puede ejecutarse sobre la prestación una vez se cause el derecho a la misma**, siendo la gestora quien materializa el pago al acreedor designado.

3. Incidencia del embargo en la tributación en IRPF

La cuestión clave es determinar si el hecho de que la prestación se destine directamente, por mandato judicial, al pago de una deuda del contribuyente, impide o no que se entienda «percibida» a efectos del IRPF.

La DGT, en la consulta (V0555-25), de 31 de marzo de 2025, resuelve expresamente este punto: **el embargo tiene por objeto la prestación correspondiente al consultante**, es decir, la renta del plan de pensiones que se genera a su favor como beneficiario. El hecho de que, en virtud del mandamiento de embargo, la entidad gestora deba realizar el pago a un tercero no altera que **la prestación se ha causado a favor del contribuyente** y constituye un ingreso que le corresponde jurídicamente.

Por ello, la DGT concluye que dicha prestación **debe tributar como rendimiento del trabajo del beneficiario** conforme al artículo 17.2.a).3.ª LIRPF, **«sin perjuicio de que el abono se realice según dispone el mandamiento de embargo»**.

En otras palabras, desde la perspectiva fiscal:

- La circunstancia de que la prestación se pague a un tercero por mandato judicial **no elimina la condición de contribuyente** del titular del plan.

- Se produce una **imputación de renta al beneficiario** porque la prestación nace a su favor y se aplica a la satisfacción de una obligación propia (la deuda embargada).

- El embargo determina el **destino del cobro**, pero no la existencia ni la naturaleza de la renta, que sigue siendo un rendimiento del trabajo del titular del plan.

Caso práctico | ¿Puede aplicarse la reducción de la D.T. 12.ª de la LIRPF si se rescata un plan pensiones en forma de renta vitalicia?

PLANTEAMIENTO

Un contribuyente, partícipe de un plan de pensiones de empleo desde los años 90, ha realizado aportaciones hasta 2020. Parte de las aportaciones (una cuantía muy relevante) se efectuaron antes del 31 de diciembre de 2006. La contingencia de jubilación se produce en 2025.

El reglamento del plan le permite rescatar sus derechos consolidados:

- En forma de capital único.
- En forma de renta asegurada vitalicia.
- O combinando un capital inicial y el resto en forma de renta.

El contribuyente está valorando rescatar la totalidad del plan en forma de renta asegurada vitalicia (sin percibir ningún pago único de capital), y plantea si puede beneficiarse, respecto de la parte de la prestación correspondiente a aportaciones realizadas hasta el 31-12-2006, de la reducción del 40 % prevista en la disposición transitoria duodécima de la LIRPF.

¿Puede aplicar la reducción del 40 % de la D.T. 12.ª de la LIRPF si opta por rescatar íntegramente el plan de pensiones en forma de renta vitalicia, o dicha reducción solo resulta posible cuando exista una percepción en forma de capital?

RESPUESTA

No. Si el rescate del plan de pensiones se realiza íntegramente en forma de renta vitalicia, no procede la aplicación de la reducción del 40 % de la disposición transitoria duodécima de la LIRPF. Dicha reducción solo resulta aplicable a prestaciones percibidas en forma de capital (o a la parte de la prestación percibida en esa modalidad cuando se combina capital y renta), nunca a las cantidades percibidas exclusivamente en forma de renta.

1. Calificación de las prestaciones de planes de pensiones

El artículo 17.2.a).3.ª de la LIRPF, establece que tienen en todo caso la consideración de rendimientos del trabajo las prestaciones percibidas por los beneficiarios de planes de pensiones. Por tanto, tanto si la prestación se percibe en forma de capital como en forma de renta, se integra como rendimiento del trabajo en la base imponible general (artículos 45 y 48 de la LIRPF).

2. Régimen transitorio de la D.T. 12.ª de la LIRPF y reducción del 40 %

La disposición transitoria 12.ª de la LIRPF regula el régimen aplicable a las prestaciones derivadas de aportaciones realizadas a planes de pensiones hasta el 31-12-2006. En concreto:

- Permite aplicar el régimen financiero anterior y, en su caso, la reducción del 40 % del **derogado artículo 17 del TRLIRPF** vigente a 31-12-2006, respecto de la parte de la prestación correspondiente a aportaciones anteriores a 2007.

- El ya derogado artículo 17.2.b) del TRLIRPF, aprobado por el RDLeg 3/2004, de 5 de marzo, contemplaba una **reducción del 40 % en el caso de las prestaciones que se perciban en forma de capital**, siempre que se cumplieran los requisitos de antigüedad (más de dos años entre la primera aportación y la contingencia, salvo invalidez).

- La propia D.T. 12.ª de la LIRPF limita temporalmente la aplicación de este régimen transitorio (ejercicio de la contingencia y los dos siguientes, con reglas especiales para contingencias anteriores a 2015), pero siempre vinculada a prestaciones percibidas en forma de capital.

3. Diferencia esencial entre capital y renta a efectos de la reducción

La Dirección General de Tributos ha reiterado que la reducción del 40 % solo es aplicable cuando las prestaciones se perciben en forma de capital y no cuando se trata de **rentas periódicas** (vitalicias o temporales).

Así, en la **consulta vinculante (V0818-25), de 16 de mayo de 2025**, la DGT, analizando precisamente un supuesto en que el partícipe puede optar por el rescate del plan de pensiones de empleo en forma de renta asegurada vitalicia o temporal, recoge que:

- Las prestaciones del plan son rendimientos del trabajo en todo caso.

- **La reducción del 40 % solo es aplicable a la parte de la prestación que se perciba en forma de capital, correspondiente a aportaciones anteriores a 31-12-2006, cumpliendo los requisitos temporales de la D.T. 12.ª de la LIRPF.**

- **Cuando la prestación se perciba en forma de renta, dicha reducción no resulta aplicable, integrándose la renta íntegramente en la base imponible general.**

La DGT señala expresamente que:

«(...) si la prestación se percibe en forma de capital, podrá aplicarse la reducción del 40 por 100 a la parte de la prestación que corresponda a aportaciones realizadas hasta el 31 de diciembre de 2006, siempre que hayan transcurrido más de dos años entre la primera aportación al plan de pensiones y la fecha de acaecimiento de la contingencia y la misma se perciba en el plazo señalado en la disposición transitoria duodécima antes transcrita. **Si la prestación se percibe combinando pagos de cualquier tipo con un pago en forma de capital, podrá aplicarse la citada reducción a la parte de la prestación que se cobre en forma de capital**, en los términos expuestos para la prestación en forma de capital».

4. Aplicación práctica al caso planteado

a) Escenario planteado: rescate íntegro en forma de renta vitalicia

- Toda la prestación derivada del plan de pensiones (incluida la parte correspondiente a aportaciones anteriores al 31-12-2006) se percibiría en forma de renta vitalicia periódica.

- Conforme a la D.T. 12.ª de la LIRPF y al criterio reiterado de la DGT (entre otras la consulta vinculante citada), **no se puede aplicar la reducción del 40 % a las cantidades percibidas en forma de renta**.

- En consecuencia, **cada anualidad de la renta vitalicia se integrará en su totalidad como rendimiento del trabajo en la base imponible general del IRPF del contribuyente, sin reducción del 40 %**, con la tributación que resulte según la escala general en cada ejercicio.

b) Alternativa: combinación capital + renta

Aunque no es la opción que inicialmente contempla el contribuyente, desde un punto de vista práctico conviene precisar:

- Si el reglamento del plan permite un rescate mixto (por ejemplo, un pago único inicial en forma de capital y el resto en forma de renta vitalicia), **sí podría aplicarse la reducción del 40 % a la parte de la prestación percibida en forma de capital**, en la medida en que:

  - Corresponda a aportaciones realizadas hasta el 31-12-2006.

  - Se haya cumplido el plazo de más de dos años desde la primera aportación hasta la jubilación.

  - El cobro en forma de capital se realice dentro del plazo habilitado por la D.T. 12.ª de la LIRPF (ejercicio de la contingencia o los dos siguientes, para contingencias a partir de 2015).

- Las rentas periódicas que se perciban con posterioridad **no disfrutarán de la reducción** y tributarán íntegramente como rendimientos del trabajo.

5. Conclusión

Optar por rescatar **íntegramente** el plan de pensiones en forma de **renta vitalicia** implica que:

- No resulta aplicable la reducción del 40 % de la D.T. 12.ª de la LIRPF, ni siquiera sobre la parte correspondiente a aportaciones anteriores a 2007.

- La totalidad de cada renta anual tributa como rendimiento del trabajo integrado en la base general, sin reducción.

Para poder beneficiarse de la reducción del 40 %, es necesario que exista una **prestación en forma de capital** y que se respeten los requisitos temporales y de imputación previstos en la D.T. 12.ª de la LIRPF y en el antiguo artículo 17.2.b) del derogado TRLIRPF.

Caso práctico | Movilización de derechos económicos desde mutualidad de previsión social a plan de pensiones

PLANTEAMIENTO

Un abogado ejerciente por cuenta propia está dado de alta, desde 1986, en la Mutualidad de la Abogacía como sistema alternativo al Régimen Especial de Trabajadores Autónomos de la Seguridad Social (RETA), realizando aportaciones al plan desde su alta. En 2025 alcanza la edad de jubilación y quiere saber si puede movilizar los derechos económicos de la mutualidad a un plan de pensiones sin que exista hecho imponible en el IRPF.

RESPUESTA

No, en la actualidad no es posible movilizar los derechos económicos de una mutualidad de previsión social (en este caso, la Mutualidad de la Abogacía como sistema alternativo al RETA) a un plan de pensiones sin que ello tenga la consideración de percepción de prestación en el IRPF.

1. Marco normativo: movilización entre sistemas de previsión social

La **disposición adicional vigésima segunda de la LIRPF** regula con carácter general la movilización de los derechos económicos entre los distintos sistemas de previsión social a que se refieren los artículos 51 y 53 de la LIRPF, disponiendo que:

> «Los distintos sistemas de previsión social a que se refieren los artículos 51 y 53 de esta Ley, podrán realizar movilizaciones de derechos económicos entre ellos.
> Reglamentariamente se establecerán las condiciones bajo las cuales podrán efectuarse movilizaciones, sin consecuencias tributarias, de los derechos económicos entre estos sistemas de previsión social, atendiendo a la homogeneidad de su tratamiento fiscal y a las características jurídicas, técnicas y financieras de los mismos».

Es decir, la LIRPF habilita la posibilidad de movilizar derechos económicos entre sistemas de previsión social, pero remite al desarrollo reglamentario para concretar qué movilizaciones están permitidas y en qué condiciones carecen de efectos tributarios.

2. Desarrollo reglamentario: qué movilizaciones están previstas

Tal y como destaca expresamente la **Dirección General de Tributos en su consulta vinculante (V054425), de 28 de marzo de 2025,** en relación con un supuesto de mutualista de la Mutualidad de la Abogacía en situación análoga a la descrita, actualmente:

- No existe desarrollo normativo que permita la movilización de los derechos económicos de las mutualidades de previsión social a otros instrumentos de previsión social.

- Por tanto, el traspaso directo de derechos desde una mutualidad a un plan de pensiones no está contemplado normativamente como una «movilización» exenta de tributación.

3. Consecuencia: la disposición de derechos desde la mutualidad es prestación sujeta al IRPF

La DGT, en la citada consulta, concluye que, ante la ausencia de normativa que ampare la movilización desde mutualidades:

- Cualquier disposición que el mutualista realice de los derechos económicos acumulados en la mutualidad (ya sea para cobrarlos o para destinarlos a un plan de pensiones) se califica como percepción de prestación de la mutualidad.

- Esa percepción constituye rendimiento del trabajo en el sentido del **artículo 17.2.a) 4.ª de la LIRPF**, sin que pueda acogerse al régimen de movilización neutral de la DA 22.ª de la LIRPF.

En el caso concreto planteado, si el abogado pretendiera «sacar» el capital acumulado en la mutualidad para ingresarlo en un plan de pensiones, el importe percibido desde la mutualidad se consideraría prestación sujeta a tributación en el IRPF como rendimiento del trabajo (con la correspondiente sujeción a retención a cuenta), perdiéndose el diferimiento fiscal.

Por tanto, **no es posible movilizar los derechos económicos de la mutualidad a un plan de pensiones sin que se produzca el hecho imponible en el IRPF**; cualquier salida de fondos de la mutualidad con ese destino tendrá la consideración de cobro de prestación sometido a gravamen.

Caso práctico | Aplicación de la reducción del 40 % en rescate anticipado de plan de pensiones por despido colectivo

PLANTEAMIENTO

Una trabajadora es partícipe de un plan de pensiones individual en el que ha realizado aportaciones anteriores a 2007. El 31 de diciembre de 2023 se extingue su relación laboral como consecuencia de un despido colectivo tramitado conforme al art. 51 del Estatuto de los Trabajadores, pasando a situación legal de desempleo el 1 de enero de 2024. Tiene intención de efectuar el rescate del plan de pensiones, por lo que se plantea:

¿Puede aplicar en el IRPF 2025 la reducción del 40% prevista en el régimen transitorio de la disposición transitoria duodécima de la LIRPF sobre la parte del capital correspondiente a aportaciones realizadas hasta el 31 de diciembre de 2006? En su caso, ¿sobre qué importe y por qué razón temporal (plazo) resulta aplicable?

RESPUESTA

Sí, puede aplicar en el IRPF 2024 la reducción del 40 % sobre la parte del capital percibido que corresponda a aportaciones realizadas hasta el 31 de diciembre de 2006, siempre que se trate de la única vez que aplique este régimen transitorio para la contingencia de jubilación. En el supuesto planteado, la contingencia de jubilación se considera acaecida en 2024 (despido colectivo y pase a desempleo con posibilidad de cobro anticipado), por lo que el plazo para aplicar la reducción del 40 % se extiende al ejercicio de acaecimiento (2024) y los dos siguientes (2025 y 2026). Al rescatar en 2025 en forma de capital único, puede aplicar la reducción sobre la parte de la prestación correspondiente a las aportaciones anteriores a 31-12-2006.

1. Naturaleza fiscal de las prestaciones del plan de pensiones y régimen transitorio

El apartado 2.a).3.ª del artículo 17 de la LIRPF, califica como rendimientos del trabajo, en todo caso, «las prestaciones percibidas por los beneficiarios de planes de pensiones». Asimismo, las cantidades percibidas en los supuestos de liquidez excepcional del apartado 8 del artículo 8 del TRLRPFP (desempleo de larga duración, enfermedad grave) tienen el mismo tratamiento fiscal que las prestaciones de planes de pensiones.

La disposición transitoria duodécima (D.T. 12.ª) de la LIRPF establece un régimen transitorio para las prestaciones derivadas de aportaciones realizadas hasta el 31 de diciembre de 2006. En lo que aquí interesa:

- **D.T. 12.ª.2 de la LIRPF**: para las prestaciones derivadas de contingencias acaecidas a partir del 1 de enero de 2007, por la parte correspondiente a aportaciones efectuadas hasta 31 de diciembre de 2006, los beneficiarios podrán aplicar la reducción prevista en el artículo 17 del TRLIRPF vigente a 31 de diciembre de 2006.

- **D.T. 12.ª.4 de la LIRPF**: el régimen transitorio «únicamente podrá ser de aplicación, en su caso, a las prestaciones percibidas en el ejercicio en el que acaezca la contingencia correspondiente, o en los dos ejercicios siguientes».

El art. 17.2.b) del TRLIRPF aprobado por Real Decreto Legislativo 3/2004, de 5 de marzo (vigente a 31-12-2006) contemplaba una **reducción del 40 %** para las prestaciones en forma de capital derivadas de determinados sistemas de previsión social (entre ellos, los planes de pensiones) siempre que hayan transcurrido más de dos años desde la primera aportación.

2. Determinación del momento de acaecimiento de la contingencia de jubilación a efectos fiscales

La cuestión clave es fijar cuándo se entiende acaecida la contingencia de jubilación a efectos de aplicar el plazo de la D.T. 12.ª.4 LIRPF.

La Dirección General de Tributos, en la **consulta vinculante (V0100-25), de 5 de febrero de 2025**, en un supuesto sustancialmente coincidente, razona que:

- Con carácter general, la contingencia de jubilación acaecería en el momento de acceso efectivo a la jubilación en el régimen de Seguridad Social correspondiente.

- No obstante, si antes de dicha jubilación se inicia el cobro «anticipado» de la prestación correspondiente a la jubilación, debe entenderse que la contingencia se produce **en el momento en que se cumplen los requisitos para la percepción anticipada de dicha prestación**.

En el ámbito financiero, el art. 8.6 del TRLRPFP y el art. 8 del Real Decreto 304/2004, de 20 de febrero, permiten que:

- Los planes de pensiones prevean el pago de la prestación correspondiente a jubilación en caso de que el partícipe, cualquiera que sea su edad, extinga su relación laboral y pase a situación legal de desempleo en los casos de los arts. 49.1.g), 51, 52 y 57 del ET.

- Se configure ese pago como **percepción anticipada de la prestación por jubilación**.

La DGT en la **consulta vinculante (V1868-25), de 14 de octubre**, ha señalado:

> «En el ámbito fiscal, a efectos de la aplicación del régimen transitorio previsto en la disposición transitoria duodécima de la LIRPF, debe entenderse que, con carácter general, la contingencia de jubilación acaece en el momento de acceder a la jubilación en el régimen de la Seguridad Social correspondiente. Ahora bien, si con anterioridad se cobra o se inicia el cobro de forma anticipada de la prestación correspondiente a la jubilación, se considerará que la contingencia de jubilación acaece en el momento de cumplirse los requisitos para poder percibirse anticipadamente la prestación correspondiente a la jubilación, esto es, cuando extinga su relación laboral como consecuencia de despido colectivo y pase a situación legal de desempleo».

3. Aplicación al caso concreto y cómputo del plazo

En el supuesto planteado:

- La relación laboral se extingue por despido colectivo el 31-12-2023.
- La trabajadora pasa a situación legal de desempleo el 1-1-2024.
- Las especificaciones del plan permiten el **cobro anticipado de la prestación correspondiente a jubilación** en este supuesto.

Siguiendo el criterio de la DGT recogido, entre otras en la **consulta vinculante (V1317-25)**, de 14 de julio de 2025, a efectos fiscales se considera que la **contingencia de jubilación acaece en 2024**, esto es, en el ejercicio en que concurren las circunstancias que habilitan el cobro anticipado de la prestación por jubilación.

En consecuencia, el plazo para aplicar la reducción del 40 % del régimen transitorio (D.T. 12.ª.4 de la LIRPF) se limita a:

- **Ejercicio de acaecimiento de la contingencia**: 2024.
- **Dos ejercicios siguientes**: 2025 y 2026.

Por tanto, la reducción del 40 % solo puede aplicarse sobre prestaciones percibidas en forma de capital en **2024, 2025 o 2026**.

Caso práctico | Reducción en IRPF de excesos pendientes de aportaciones a planes de pensiones

PLANTEAMIENTO

Un contribuyente realizó aportaciones a su plan de pensiones en los ejercicios 2022, 2023 y 2024, superando el límite máximo de reducción en base imponible previsto para esos ejercicios en el artículo 52.1 de la Ley del IRPF (límite porcentual sobre rendimientos del trabajo y actividades económicas).

En 2025 ha realizado nuevas aportaciones, y se plantea si puede reducir los excesos pendientes en la base imponible del IRPF. En caso de que sea posible la reducción, ¿en qué forma y tiempo puede realizarse?

RESPUESTA

El obligado tributario podrá reducir en la base imponible de 2025 y ejercicios siguientes las aportaciones y contribuciones satisfechas en años anteriores en la medida en que la imposibilidad de reducción hubiera derivado de la insuficiencia de base imponible o de la aplicación del límite porcentual establecido en el artículo 52.1 de la LIRPF, respetando en todo caso el límite temporal de los 5 ejercicios siguientes a la generación de los excesos y los límites establecidos en la LIRPF que apliquen en cada ejercicio.

El apartado 1 del artículo 51 de la LIRPF establece que las aportaciones y contribuciones a planes de pensiones dan derecho a una reducción en la base imponible general del IRPF hasta los límites que se fijan en el apartado 1 del artículo 52 de la LIRPF:

> «1. Como límite máximo conjunto para las reducciones previstas en los apartados 1, 2, 3, 4 y 5 del artículo 51 de esta ley, se aplicará la menor de las cantidades siguientes:
> a) El 30 por 100 de la suma de los rendimientos netos del trabajo y de actividades económicas percibidos individualmente en el ejercicio.
> b) 1.500 euros anuales (...)».

Este precepto recoge además ciertos supuestos en los que esas cuantías pueden incrementarse pero, en todo caso, la cuantía máxima de reducción por aplicación de los incrementos será de 8.500 euros anuales.

Es el propio artículo 52 de la LIRPF el que en su apartado 2 establece que los partícipes podrán reducir en los 5 ejercicios siguientes las cantidades aportadas incluyendo, en su caso, las aportaciones del promotor o las realizadas por la empresa que le hubiesen sido imputadas, que no hubieran podido ser objeto de reducción en la base imponible por insuficiencia de la misma o por aplicación del límite porcentual del apartado 1 del artículo 51 de la LIRPF.

Como condición para poder reducir ese exceso se establece que las aportaciones y contribuciones no excedan de los límites máximos establecidos en el apartado 6 del artículo 51 de la LIRPF. Este apartado establece que el conjunto de las aportaciones anuales máximas que puedan dar derecho a reducir la base imponible no podrá exceder de las cantidades previstas en el apartado 3 del artículo 5 del texto refundido de la Ley de Regulación de los Planes y fondos de Pensiones, el cual fija las aportaciones anuales máximas a los planes de pensiones.

Para que las cantidades aportadas que no hubieran podido ser objeto de reducción en la base imponible, lo sean en los 5 ejercicios siguientes deberán solicitarse conforme a los señalado en el artículo 51 del RIRPF, en la declaración del IRPF correspondiente al ejercicio en que las aportaciones realizadas no hubieran podido ser objeto de reducción.

La imputación de los excesos se realizará respetando los límites a la reducción que se establecen en los artículos 51, 52 y 53 de la LIRPF. A estos efectos, cuando en el período impositivo en que se produzca dicho exceso concurran aportaciones del contribuyente y contribuciones imputadas por el promotor, la determinación de la parte del exceso que corresponde a unas y otras se realizará en proporción a los importes de las respectivas aportaciones y contribuciones.

Dado que el obligado tributario pretende en los años siguientes continuar realizando aportaciones al plan de pensiones se entenderán reducidas, en primer lugar, las aportaciones correspondientes a años anteriores.

Esta posibilidad de reducir los excesos ha sido reconocida por la doctrina de la DGT, así se manifiesta en la **consulta vinculante (V0052-25), de 22 de enero de 2025.**

Caso práctico | Tributación en IRPF de las prestaciones de un plan de pensiones adjudicado al excónyuge en el convenio regulador

PLANTEAMIENTO

«A» es partícipe de un plan de pensiones individual constituido durante su matrimonio con «B». El matrimonio se divorcia en 2025 y, en el convenio regulador aprobado judicialmente, se acuerda que «B» resulte adjudicataria del 100 % de los derechos consolidados del plan de pensiones de «A».

¿Quién resulta obligado a tributar en el IRPF por las prestaciones del plan de pensiones?, ¿Puede «A» aplicar la reducción del artículo 55 de la LIRPF por pensión compensatoria respecto del valor del plan de pensiones adjudicado a «B»?

RESPUESTA

Las prestaciones del plan de pensiones tributan en el IRPF exclusivamente en sede de «B», como rendimientos del trabajo, por el importe total percibido. En cuanto a la posibilidad de la reducción del artículo 55 de la LIRPF, solo será posible si la adjudicación del plan tiene expresamente naturaleza de pensión compensatoria.

1. Tributación y titularidad de las prestaciones del plan de pensiones

El apartado 2.a).3.ª del artículo 17 de la LIRPF establece que tienen la consideración de rendimientos del trabajo, en todo caso, «Las prestaciones percibidas por los beneficiarios de planes de pensiones y las percibidas de los planes de pensiones regulados en la Directiva (UE) 2016/2341 del Parlamento Europeo y del Consejo, de 14 de diciembre de 2016, relativa a las actividades y la supervisión de fondos de pensiones de empleo (...)».

Por su parte el apartado 2 del artículo 11 de la LIRPF señala, en materia de individualización de las rentas del trabajo:

> «Los rendimientos del trabajo se atribuirán exclusivamente a quien haya generado el derecho a su percepción. No obstante, las prestaciones a que se refiere el artículo 17. 2 a) de esta Ley se atribuirán a las personas físicas en cuyo favor estén reconocidas».

En la **consulta vinculante de la Dirección General de Tributos (V0089-16), de 14 de enero de 2016**, concluye, en un caso similar al expuesto, que las prestaciones derivadas del plan de pensiones adjudicado en el convenio regulador al excónyuge del titular del plan de pensiones tributan en el IRPF exclusivamente en sede del **beneficiario**, por el importe total percibido, con independencia de:

- Quién haya sido el partícipe inicial del plan.
- El régimen económico matrimonial.
- La concreta forma en que se haya liquidado la sociedad de gananciales o se haya producido la adjudicación en el convenio regulador.

En la misma línea, la **consulta vinculante de la Dirección General de Tributos (V3188-18), de 14 de diciembre de 2018**, reitera que, conforme al apartado 2 del artículo 11 de la LIRPF, las prestaciones de planes de pensiones se integran en la base imponible del IRPF del **beneficiario**, como rendimientos de trabajo, con independencia de las cuantías previamente aportadas y de cómo se realice la liquidación de la sociedad de gananciales.

2. Posible reducción del artículo 55 de la LIRPF por pensión compensatoria

El artículo 55 LIRPF permite reducir la base imponible general por:

> «Las pensiones compensatorias a favor del cónyuge y las anualidades por alimentos, con excepción de las fijadas en favor de los hijos del contribuyente, satisfechas ambas por decisión judicial, podrán ser objeto de reducción en la base imponible».

La DGT, en la **consulta vinculante de la Dirección General de Tributos (V0089-16), de 14 de enero de 2016**, aclara:

- Si la adjudicación del plan de pensiones al excónyuge tiene la consideración de **pensión compensatoria** fijada judicialmente, el pagador («A») podría reducir su base imponible general por el importe efectivo de la pensión compensatoria, conforme al artículo 55 LIRPF.
- Sin embargo, «si la adjudicación del plan de pensiones se produce por causa distinta de la pensión compensatoria, como parece darse en el caso consultado, no procederá aplicar la reducción del citado artículo 55». La clave es la **calificación jurídica** en la sentencia de divorcio o en el propio convenio regulador aprobado judicialmente.

Caso práctico | Cómputo de pagadores y rendimientos íntegros por cobro de varios planes de pensiones en el IRPF

PLANTEAMIENTO

Un contribuyente, ya jubilado, rescata en 2025, en forma de capital único, tres planes de pensiones individuales gestionados todos ellos por la misma entidad gestora, adscritos a tres fondos de pensiones cada uno con su propio NIF.

El importe total bruto percibido en 2025 asciende a 31.831,82 euros. Se trata íntegramente de derechos consolidados procedentes de aportaciones realizadas con anterioridad al 1 de enero de 2007, por lo que al rescate en forma de capital en 2025 aplica la reducción del 40 % prevista en la disposición transitoria duodécima de la LIRPF, resultando una cuantía neta reducida de 19.099,09 euros.

El contribuyente plantea dos dudas, a efectos de determinar si está obligado a presentar declaración del IRPF 2025:

1) Dado que cada fondo de pensiones tiene un NIF distinto, ¿debe considerar que tiene un único pagador o tres pagadores de rendimientos del trabajo a efectos del límite de 22.000 euros del artículo 96 LIRPF?

2) Para comprobar el límite de rendimientos del trabajo que determina la obligación de declarar, ¿debe tomar como referencia el importe íntegro percibido (31.831,82 euros) o el importe resultante tras aplicar la reducción del 40 % (19.099,09 euros)?

RESPUESTA

1) Existe un único pagador: la entidad gestora de los fondos de pensiones.

2) A efectos del límite que determina la obligación de declarar, debe computarse el rendimiento íntegro del trabajo, es decir, el importe bruto percibido (31.831,82 euros), sin tener en cuenta la reducción del 40 %.

1. Número de pagadores a efectos del artículo 96 de la LIRPF

Las prestaciones de los planes de pensiones tienen la consideración de rendimientos del trabajo [apartado 2.a).3ª del artículo 17 de la LIRPF]. Para determinar el límite de la obligación de declarar, el artículo 96 de la LIRPF distingue entre contribuyentes con rendimientos del trabajo procedentes de uno o de varios pagadores.

El apartado 2 del artículo 99 de la LIRPF establece en su primer párrafo que las entidades y las personas jurídicas que satisfagan o abonen rentas sujetas al IRPF estarán obligadas a practicar retención e ingreso a cuenta, en concepto de pago a cuenta del mismo correspondiente al perceptor. En el mismo sentido se pronuncia el apartado 1 del artículo 76 del RIRPF.

Por tanto, en el caso que se ha planteado la entidad que satisfaga o abone los rendimientos del trabajo procedentes de los planes de pensiones será la obligada a practicar la retención que, en su caso, proceda, y será considerada pagadora a los efectos del artículo 96 de la LIRPF.

Para poder determinar si la entidad que satisface abona o paga los rendimientos es cada uno de los fondos de pensiones o su entidad gestora, debemos acudir a la regulación financiera de los planes y fondos de pensiones.

El artículo 2 del TRLRPFP establece en su primer párrafo:

«Los fondos de pensiones son patrimonios creados al exclusivo objeto de dar cumplimiento a planes de pensiones, cuya gestión, custodia y control se realizarán de acuerdo con la presente Ley».

Por su parte el artículo 13 del TRLRPFP señala:

«Los fondos de pensiones serán administrados con las limitaciones establecidas en el artículo 14, por una entidad gestora con el concurso de un depositario y bajo la supervisión de una comisión de control, en la forma que reglamentariamente se determine».

Reglamentariamente debemos acudir a lo establecido en el artículo 10 del Reglamento de planes y fondos de pensiones, el cual en sus apartados 2, 3 y 4 establece:

«2. Las especificaciones deberán concretar la forma de las prestaciones, sus modalidades, y las normas para determinar su cuantía y vencimientos, con carácter general u opcional para el beneficiario, indicando si son o no revalorizables, y en su caso, la forma de revalorización, sus posibles reversiones y el grado de aseguramiento o garantía.

3. El beneficiario del plan de pensiones o su representante legal, conforme a lo previsto en las especificaciones del plan, deberá solicitar la prestación señalando en su caso la forma elegida para el cobro de la misma y presentar la documentación acreditativa que proceda según lo previsto en las especificaciones.

Según lo previsto en las especificaciones, la comunicación y acreditación documental podrá presentarse ante las entidades gestora o depositaria o promotora del plan de pensiones, ante el comercializador, en su caso, o ante la comisión de control del plan en el caso de los planes de empleo y asociados, viniendo obligado el receptor a realizar las actuaciones necesarias encaminadas al reconocimiento y efectividad de la prestación.

4. El reconocimiento del derecho a la prestación deberá ser notificado al beneficiario mediante escrito firmado por la entidad gestora, dentro del plazo máximo de quince días hábiles desde la presentación de la documentación correspondiente, indicándole la forma, modalidad y cuantía de la prestación, periodicidad y vencimientos, formas de revalorización, posibles reversiones, y grado de aseguramiento o garantía, informando en su caso del riesgo a cargo del beneficiario, y demás elementos definitorios de la prestación, según lo previsto en las especificaciones o de acuerdo a la opción señalada por aquél. y el artículo 76.1.a) del Reglamento del IRPF (RD 439/2007) señalan que están obligadas a retener las entidades que satisfacen o abonan las rentas, siendo estas las que tienen la condición de pagadoras (...)».

La Dirección General de Tributos, en la **consulta vinculante (V0123-25), de 7 de febrero de 2025**, concluye que, las cantidades percibidas procedentes de tres planes de pensiones adscritos a tres fondos de pensiones diferentes, pero administrados por la misma entidad gestora, es la entidad gestora, y no los fondos, quien tiene la consideración de pagador y, en consecuencia, a efectos de lo dispuesto en el artículo 96 de la LIRPF, existirá un único pagador de los rendimientos del trabajo procedentes de tales planes de pensiones.

2. Base a considerar para el límite de obligación de declarar: rendimiento íntegro *vs.* rendimiento reducido

El apartado 2.a) del artículo 96 de la LIRPF establece que no estarán obligados a declarar los contribuyentes que obtengan exclusivamente **rendimientos íntegros del trabajo** con el límite de 22.000 euros anuales (en los términos que precisa el propio precepto). El apartado 3 del mismo artículo, al regular el límite reducido de 15.876 euros cuando existan varios pagadores, igualmente se refiere a **rendimientos íntegros del trabajo**.

En el caso concreto de prestaciones de planes de pensiones procedentes de aportaciones anteriores a 1 de enero de 2007, puede resultar aplicable la reducción del 40 % prevista en la disposición transitoria duodécima de la LIRPF, que se aplica para cuantificar el **rendimiento neto sujeto**, pero **no altera el importe del rendimiento íntegro** que debe utilizarse para verificar si existe o no obligación de declarar.

La **consulta vinculante de la Dirección General de Tributos (V0123-25), de 7 de febrero de 2025**, aclara expresamente que, a efectos de la obligación de declarar del artículo 96 de la LIRPF, deben tomarse en consideración los **rendimientos íntegros** del trabajo, esto es, **antes de aplicar la reducción del 40 %** de la disposición transitoria duodécima.

Caso práctico | Tratamiento en IRPF de la pérdida por minoración de los derechos consolidados en un plan de pensiones

PLANTEAMIENTO

«A» es partícipe de un plan de pensiones individual, en el año 2025 efectuó el rescate del plan de pensiones resultando el importe rescatado del plan inferior a las aportaciones realizadas al mismo.

¿Puede «A» computar dicha minoración como pérdida patrimonial en la declaración del IRPF?

RESPUESTA

No. La diferencia entre las aportaciones realizadas al plan de pensiones y el importe finalmente rescatado cuando es inferior no constituye, a efectos del IRPF, una pérdida patrimonial. El único importe relevante fiscalmente es la prestación efectivamente percibida, que tiene la calificación, en todo caso, de rendimiento del trabajo.

El apartado 2.a).3.ª del artículo 17 de la LIRPF, establece que, en todo caso, tienen la consideración de rendimientos del trabajo:

> «3.ª Las prestaciones percibidas por los beneficiarios de planes de pensiones (...)».

La Dirección General de Tributos ha reiterado, que las cantidades percibidas por el beneficiario de un plan de pensiones, cualquiera que sea su importe y la forma de cobro (capital, renta o forma mixta), deben integrarse en la base imponible general como rendimientos del trabajo.

La cuestión controvertida es si la minoración del valor de los derechos consolidados puede considerarse una pérdida patrimonial del artículo 33 de la LIRPF.

La DGT se ha pronunciado en reiteradas ocasiones sobre esta posibilidad señalando:

- **Consulta vinculante de la Dirección General de Tributos (V0139-10), de 29 de enero de 2010**:
  - Analiza un supuesto en el que el valor de los derechos consolidados del plan ha disminuido por la evolución negativa de los mercados.
  - Concluye expresamente que «el hecho de que el capital equivalente a los derechos consolidados a una fecha de-

terminada se haya visto minorado como consecuencia de las fluctuaciones a la baja de la rentabilidad de los Fondos no tiene incidencia fiscal, por lo que dicha minoración no puede ser considerada como una pérdida patrimonial a efectos fiscales».

- **Consulta vinculante de la Dirección General de Tributos (V1951-20), de 15 de junio de 2020:**
  - Reitera que las prestaciones de planes de pensiones «se consideran, en todo caso, rendimientos del trabajo».
  - Añade: «El hecho de que el capital equivalente a los derechos económicos en alguno de los planes sea inferior a las aportaciones realizadas al mismo no tiene incidencia fiscal, por lo que dicha minoración no puede ser considerada como una pérdida patrimonial a efectos fiscales».

- **Consulta vinculante de la Dirección General de Tributos (V3348-23), de 29 de diciembre de 2023:**
  - En un caso de rescate por jubilación donde el importe rescatado era inferior a las aportaciones realizadas, la DGT vuelve a declarar que dicha diferencia «no tiene incidencia fiscal» y que «no puede ser considerada como una pérdida patrimonial a efectos fiscales».

De este modo, **no procede reconocer pérdida patrimonial alguna**, aun cuando económicamente el contribuyente soporte una merma de valor en relación con las cantidades invertidas en el plan.

Caso práctico | Reducción en IRPF de aportaciones a plan de pensiones en tributación conjunta

PLANTEAMIENTO

Luis, casado en régimen de sociedad de gananciales con Marta, realiza en 2025 aportaciones a un plan de pensiones individual del que es partícipe, por importe de 2.000 euros. Luis no obtiene en el ejercicio rendimientos del trabajo ni de actividades económicas (solo pequeñas rentas del capital mobiliario); por el contrario, su cónyuge Marta percibe rendimientos del trabajo por importe de 30.000 euros.

Si presentase la declaración de IRPF de forma conjunta con su cónyuge ¿podrá reducir la base imponible por las aportaciones al plan de pensiones?

RESPUESTA

No. Las aportaciones realizadas por Luis a su propio plan de pensiones no son reducibles por él al carecer de rendimientos del trabajo o de actividades económicas. El hecho de optar por tributación conjunta no permite traspasar al cónyuge el derecho a reducir esas aportaciones como si fueran propias.

Ahora bien, Marta sí puede aplicar, en su base imponible general, la reducción prevista en el artículo 51.7 de la LIRPF por aportaciones realizadas al plan de pensiones de su cónyuge sin rentas del trabajo ni de actividades económicas, con el límite de 1.000 euros anuales. El exceso sobre ese límite (1.000 de los 2.000 euros aportados) no será reducible.

Fundamentación jurídica

a) Reducción por aportaciones propias del partícipe (artículos 51 y 52 de la LIRPF)

De los artículos 51 y 52 de la LIRPF se deduce que podrá deducirse de la base imponible general las aportaciones del partícipe a planes de pensiones con los límites fijados (la menor de entre el 30 % de la suma de los rendimientos netos del trabajo y de actividades económicas percibidos individualmente en el ejercicio y la de 1.500 euros).

En el caso planteado, Luis no obtiene en 2025 rendimientos del trabajo ni de actividades económicas, por lo que el límite porcentual del 30 % se calcula sobre cero. En consecuencia, **el límite de reducción aplicable a sus propias aportaciones es cero**, aunque se cumplan los límites monetarios absolutos: no puede reducir cantidad alguna por sus 2.000 euros de aportación.

b) Efectos de la tributación conjunta sobre estos límites (artículo 84.2 de la LIRPF)

El artículo 84 de la LIRPF, en su apartado 2, establece:

«Los importes y límites cuantitativos establecidos a efectos de la tributación individual se aplicarán en idéntica cuantía en la tributación conjunta, sin que proceda su elevación o multiplicación en función del número de miembros de la unidad familiar.

No obstante:

1.º Los límites máximos de reducción en la base imponible previstos en los artículos 52, 53 y 54 y en la disposición adicional undécima de esta Ley, serán aplicados individualmente por cada partícipe o mutualista integrado en la unidad familiar. (...)».

Esto implica:

- En tributación conjunta **no se incrementan los límites** por existir varios miembros en la unidad familiar.

- **Los límites de reducción del artículo 52 de la LIRPF se aplican individualmente a cada partícipe**, aunque se presente una única autoliquidación conjunta: Luis tiene su propio límite (30 % de sus rendimientos del trabajo y de actividades económicas, que es 0), y Marta tiene el suyo.

Por tanto, **la inexistencia de rendimientos del trabajo o de actividades económicas en Luis impide que sus aportaciones sean reducibles por él mismo**, incluso en declaración conjunta. Y, conforme al artículo 84.2, **no cabe trasladar ese límite individual a otro miembro de la unidad familiar**.

c) Reducción por aportaciones al plan de pensiones del cónyuge sin rentas del trabajo ni de actividades económicas (artículo 51.7 de la LIRPF)

El apartado 7 del artículo 51 de la LIRPF prevé expresamente:

«Además de las reducciones realizadas con los límites previstos en el artículo siguiente, los contribuyentes cuyo cónyuge no obtenga rendimientos netos del trabajo ni de actividades económicas, o los obtenga en cuantía inferior a 8.000 euros anuales, podrán reducir en la base imponible las aportaciones realizadas a los sistemas de previsión social previstos en este artículo de los que sea partícipe, mutualista o titular dicho cónyuge, con el límite máximo de 1.000 euros anuales».

Tal y como se recoge en la **consulta vinculante (V2071-22), de 27 de septiembre de 2022**, «(...) debe entenderse que el contribuyente puede aplicar la reducción por las aportaciones del cónyuge partícipe con el límite máximo de 1.000 euros anuales, sin que sea posible aplicar una doble reducción por las mismas aportaciones. La reducción aplicad no puede originar que la base liquidable general del contribuyente resulte negativa».

Aplicación al caso:

- Marta es contribuyente con rendimientos del trabajo (30.000 euros).

- Luis, su cónyuge, no obtiene rendimientos netos del trabajo ni de actividades económicas en 2025.

- Se cumplen, por tanto, los requisitos del artículo 51.7 de la LIRPF.

En consecuencia, **Marta puede reducir en su base imponible general hasta 1.000 euros** anuales por las aportaciones realizadas en favor del plan de pensiones de Luis. El exceso de aportaciones sobre 1.000 euros, si lo hubiere, **no es reducible** ni puede trasladarse a ejercicios futuros por este concepto.

Conclusión

En tributación conjunta, el hecho de que el cónyuge que aporta (Luis) no tenga rendimientos del trabajo ni de actividades económicas impide aplicar reducción por sus propias aportaciones al plan de pensiones, dado que el límite del 30 % se calcula individualmente y es cero.

No obstante, su cónyuge (Marta), que sí obtiene rendimientos del trabajo, puede reducir en su base imponible general las aportaciones realizadas al plan de pensiones de Luis, al amparo del artículo 51.7 de la LIRPF, con el límite máximo de 1.000 euros anuales, siempre que la base liquidable general no resulte negativa por efecto de dicha reducción.